生活支援のための
施設ケアプラン
いかにケアプランを作成するか

白澤政和 著

中央法規

はじめに

　新しい著書を刊行し，世に問うときの気持ちは，野球のピッチャーが公式戦で第一球を投げる気持ちに等しい。本書は「施設のケアプラン」作成について，その基本的な考え方と実際にどのようにすれば作成できるかの具体的な方法を社会に問うものである。
　従来，筆者は在宅の要援護者（高齢者および障害者）に対するケアマネジメントのあり方，なかでも，アセスメントやケアプラン作成方法について言及してきた。その意味では，本書は軟式野球のピッチャーから硬式野球のピッチャーに替わっての，第一球目の投球といった意味合いが強い。
　ただ，軟式野球のピッチャーとして経験してきたノウハウは，硬式野球において活用できる部分がずいぶん多い。基本的に，どちらの場合においても，＜plan→do→see＞といった専門職が計画的に支援していく方法をとる以上，従来在宅のケアマネジメントで確立してきたさまざまな内容が施設のケアプラン作成においても有効に活用し得る。さらに，ケアマネジメントは「医学モデル」から「生活モデル」への転換を意図したものであるが，生活の場として位置づけられる施設においても，「生活モデル」としてのケアプラン作成の考え方など，在宅支援のケアマネジメントの方法が基本的に有効であると考えられる。
　一方，軟式と硬式ゆえに異なる部分も多く，施設のケアプランゆえに検討しなければならない独自の内容も多くみられる。具体的には，在宅では，ケアマネジメントに基づくケアプランと訪問介護計画書といった個別援助計画書との連携が求められるが，施設では，ある意味で両方の計画が一体的に作成・実施されることになる。また，前者の在宅の場合は，個々のサービス種別ごとに業務マニュアルが必要であるが，本書で示される施設ケアプランについては業務マニュアルと直接連動して作成・実施されることに大きな相違点がある。
　筆者自身，介護保険制度創設にあたっては，在宅における要介護者・要支援者のケアマネジメントをいかに進めていくのかといった介護支援専門員のあり方にエネルギーを注入してきた。その間，介護保険施設におけるケアプラン作成のあり方については横目でにらみながら，仕事をしてきた。そのなかで施設のケアプランは，いくつかの点でケアマネジメントと類似していながら，そうした類似点がなぜ施設のケアプランに活かされないのかに関して疑問を感じていた。他方，在宅のケアマネジメントでは必要ではないが，施設の

ケアプランでは不可欠とされる部分がなぜ議論されないのかといったことにも納得できないものがあった。

具体的に前者については，二つのことを疑問視してきた。第一は，アセスメントにおいて，さまざまな生活領域における利用者の希望や願いを汲み取っていく作業が欠落しているのではないかということであった。さらに，意思表示のできない人の場合には，自らの希望や願いが十分に表現できない以上，利用者のそうした希望や願いをアセスメント実施者が感じ取り，それをアセスメント用紙に記入し，ケアプラン内容に反映させていく視点が欠落しているような気がしてならなかった。こうしたことが十分検討されていないゆえに，痴呆性高齢者といった意思表示の十分でない利用者に対するケアプラン作成が難しいといった声が施設職員から生じているように感じてきた。

第二は，実現できないニーズは書かないこととして，介護保険施設のケアプランは進められてきていることである。そのこと自体は決して間違いではなく，在宅のケアマネジメントでも実現できないことは書けないという意味では同じである。しかしながら，そこで重要なことは，実現できないニーズについて職員間で議論し合い，当該施設の理念や職員の態度を変えていく，さらには高齢者保健福祉制度や介護保険制度をも変革していくという力に転化されていなければならない。そうした視点が，在宅のケアマネジメントと比較して，欠落しているように感じてきた。同時に，実現できないニーズについて，利用者と話し合い，説明し，実施できないことの了解をとる手続きが必要ではないかと思ってきた。

このような二つの疑問点を解決することによって，施設のケアプランはずいぶん有効に機能し，施設利用者の生活の質を高めることに貢献できるのではないかと日々考えてきた。そのため，本書においてはこのような疑問点に真正面から取り組むことで，施設のケアプランのあり方について方向づけをしたいと考えている。

後者の異なる部分であるが，在宅のケアマネジメントにおいては，訪問介護（ホームヘルプサービス）や通所介護（デイサービス）といった各サービス事業者が個別援助計画を作成するなかで，ケアやリスクについての業務マニュアルとの接点が主として議論されることになる。

他方，施設内ではケアやリスクの業務マニュアルが作成され，そのもとで多くのケアが基準化され，利用者に提供されることになる。その意味では，在宅のケアマネジメントとは異なり，施設ケアにおいてはケアプランと業務マニュアルの両者は，どのような関係でもって一体的に進められていくかといった検討が必要不可欠である。

しかしながら，介護保険制度創設時から今日まで業務マニュアルについての議論がほとんどなされることなく，ケアプランについてのみの議論に終始し，今日に至ってしまっている。ひいては，施設のケアプランは業務マニュアルとの接合性が弱く，ケアプランの内容にマニュアル部分が入り込んでしまっているといった問題も経過的には起こってきている。ケアやリスクの業務マニュアルは，現在施設を評価する際の重要な評価項目の一つに

もなってきていることを考えると，是非ともケアプランと業務マニュアルの両者の関係を明らかにすることで，施設利用者へのケアの質を高めることに貢献していかなければならない。

以上のように，在宅の要援護者に対するケアマネジメントから多くのことを学びながら，施設のケアプランに対して疑問に感じてきたことを，本書のなかでは，どのように解決すればよいのかを考えながら，施設のケアプラン作成について具体的に提案をしていきたいと考えている。

本書においては，ケアプランを作成する具体的な施設として，「介護保険施設」といわれている介護老人福祉施設，介護老人保健施設，介護療養型医療施設の3施設を念頭に置いている。同時に，身体障害者療護施設，身体障害者更生施設，身体障害者授産施設といった身体障害者更生援護施設や，知的障害者更生施設，知的障害者授産施設といった知的障害者援護施設をも眼目に置いているほか，精神障害者の社会復帰施設においても，本書で解説するケアプランの作成方法が適用できるものと考えている。

現状として，介護保険施設でのケアプラン作成・実施が先行しており，ケアプラン作成の具体的なマニュアルは存在するが，プラン作成の理念や基本的な考え方について言及している書籍はほとんど見当たらない。このことが，本書を刊行することのきっかけとなっているが，本書を介して，施設で働く多くの職員がケアプランの意義を理解され，利用者と一緒に円滑にケアプランを作成・実行できるようになることを願っている。ひいては，利用者の施設での質の高い生活が得られることを希求している。

平成15年新春

大阪市立大学大学院生活科学研究科教授

白澤　政和

[目 次]

生活支援のための施設ケアプラン
いかにケアプランを作成するか

はじめに

第1章 ケアプラン作成の意義
1 なぜケアプランを作成するのか …………………………………… 8
2 どのようなケアプランを作成するのか …………………………… 15
3 ケアプラン作成の基本的な考え方 ………………………………… 23

第2章 ケアプランの特徴と枠組み
1 ケアプラン作成の目的 ……………………………………………… 28
2 ケアプランの枠組み ………………………………………………… 38
3 在宅のケアマネジメントと施設ケアプランの関係 ……………… 43

第3章 ケアプランの作成手順
1 ケアプラン作成・実施の基本的な過程 …………………………… 50
2 ケアプラン作成の基本的な手順 …………………………………… 53
3 だれがケアプランを作成するのか ………………………………… 62
4 ケアプラン作成における留意点 …………………………………… 67
5 ケアプラン作成の手順例 …………………………………………… 74

第4章 ケアプラン作成の実際
事例1　基本的なニーズのとらえ方 ………………………………… 79
事例2　医療ニーズが高い利用者への支援 ………………………… 84
事例3　利用者のもつストレングスの活用 ………………………… 89
事例4　痴呆性高齢者に対する治療的援助 ………………………… 94
事例5　カンファレンスによる未充足ニーズの検討・解決 ……… 98
事例6　施設外サービスの活用 ……………………………………… 102
事例解説
　事例1／106
　事例2／106

事例3／107
事例4／107
事例5／108
事例6／108

第5章　ケアプラン作成における利用者との関係
1　利用者との日々のかかわり方 …………………………………………110
2　ケアワーカーの日々の日誌とケアプランの関係 ……………………117

第6章　ケアプランと業務マニュアルとの関係
1　業務マニュアルがない場合のケアプランの内容 ……………………120
2　業務マニュアルをいかにつくるか ……………………………………125

先進的な取り組みの紹介①
「業務マニュアル」作成と活用の実際／129

先進的な取り組みの紹介②
「ヒヤリハット」作成と活用の実際／136

第7章　ケアプラン作成に向けた施設の仕組みづくり
1　ケアプランを作成・実施した場合の効果 ……………………………142
2　ケアプランを円滑に実施していくための職場づくり ………………149

第8章　ケアプラン作成における評価基準
1　ケアプラン実施の動向 …………………………………………………158
2　質の高いケアプランを作成・実施していくための評価基準の提案…162

参考文献
あとがき

第 1 章
ケアプラン作成の意義

1 なぜケアプランを作成するのか

　介護保険施設や障害者福祉施設において利用者に対するケアプラン作成が義務づけられ，実際，ケアプランを作成・実施している施設が多くなってきている。しかしながら，実際のケアプランそのものについては多くの問題点を抱えている。そこでまずは，「こんなケアプランであってほしい」という，施設におけるケアプランの意義について考えてみたい。ひいては，現実の施設におけるケアプラン作成状況とのギャップを明らかにし，いかに理想とする施設のケアプランに近づけていけばよいのかを考えてみたい。

1　ケアプラン作成の現状

　多くの施設で利用者に対するケアプランは確かに作成されている。法的にいえば，「指定介護老人福祉施設の人員，設備及び運営に関する基準」第11条[1]，「介護老人保健施設の人員，施設及び設備並びに運営に関する基準」第13条[2]，「指定介護療養型医療施設の人員，設備及び運営に関する基準」第14条[3]において，介護保険施設ではすべての施設利用者に対してケアプラン[4]を作成すること[5]が義務づけられている。そのため，すべての利用者についてケアプラン作成を完了している施設も多くみられる。

　また，障害者領域では，平成15年度から始まる支援費制度に合わせて基準となる「指定身体障害者更生施設等の設備及び運営に関する基準」でも，第18条[6]において，施設でのケアプラン[7]の作成を義務づけている。ここでは，ケアプランの作成だけでなく，作成にあたっての会議開催や利用者に対する説明・同意が求められており，またケアプランの見直しを繰り返していくことも義務づけられている。

　しかしながら，施設でのケアプラン作成の実態を見てみると，法的

[1] 「指定介護老人福祉施設の人員，設備及び運営に関する基準」第11条を12頁に掲載する。

[2] 「介護老人保健施設の人員，施設及び設備並びに運営に関する基準」第13条を13頁に掲載する。

[3] 「指定介護療養型医療施設の人員，設備及び運営に関する基準」第14条を13頁に掲載する。

[4] 「入所者」という言葉も使われるが，以後，本書においては「利用者」とする。

に義務づけられているがゆえに、アリバイ工作として作成しているといった意味合いも強い。具体的には、ケアプランは作成されているが、ケアワーカー等の日々の業務においては、ケアプランをほとんど見ることもなく、ときにはケアプラン内容をベースに仕事をしていないといった、驚くべき発言を耳にすることもある。

また、同じような状況として、ケアプランは作成しているが、利用者やその家族に見てもらったことがない、あるいは見てもらえる代物ではないといった現状にあることも多く聞く。その内容は、利用者のためのプランであるというよりも、ケアを行っている職員のためのプランであるがゆえに見せられないといったことが考えられる。具体的には、利用者本人の施設生活における意向を確認していないために、施設職員側がどのようなケアを行うのかを決めた、施設職員の立場のみで作成されるケアの手続きといったたぐいのプランになっているためである。

また、ある介護保険施設は、利用者の要介護度が急に高くなったことに伴い、利用者の自己負担額が増え、家族からケアプランも大きく変化したのだろうということで、ケアプランがどのように変化したか見せてくれと言われたという。しかしながら、施設側は、利用者の変化やそれに対するケア内容の変化について十分に説明できず、職員が大慌てをしたといった経験談を聞いたこともある。

利用者からの了解を得られるケアプランを作成・実施し、同時に、利用者の責任として自己負担金を払ってもらうという契約の発想からいえば、ケアプラン内容の変化について利用者側に説明することは当然の義務であるといえる。にもかかわらず、上記の経験談は、必ずしも、そうした考えに沿ってケアプランが作成され、利用者と対等な関係で契約されていないことを示している。

以上のような現状を思い巡らすと、ケアプランを作成・実施することによって、利用者に対するケア[*8]の水準が高くなり、質の高いケアが提供できているのかどうかについて、大変危惧するところである。逆に、アセスメントやケアプラン作成に時間がかかりすぎ、作成していなかった以前に比べて、ケアの質が低下したといった声もときには聞かれることもある。アセスメントに多くの時間を費やすことになり、利用者の食事時間を忘れてしまったというような、笑うに笑えない話を聞いたこともある。

さらには、個々人に合った個別的なケアプランが作成されているの

*5 法令上は、「施設サービス計画」という。

*6 「指定身体障害者更生施設等の設備及び運営に関する基準」第18条を14頁に掲載する。

*7 法令上は、「施設支援計画」という。

*8 現場においては「処遇」や「サービス」という言葉も使われるが、本書では「ケア」という言葉を使うことにする。これは、「専門的な日々の世話」といった広い意味を表している。

かどうかの観点からみると，どの利用者にもよく似たケアプランが作成されているといった自己批判も職員から聞かれる。金太郎飴のようなケアプランが作成されているという状況が生じている。そのことがひいては，あえてケアプランを見なくてもケアワーカー等は仕事ができるという，先ほど紹介した状況につながっているともいえる。以上のように，個々人の個別性を尊重した，利用者のニーズに基づきケアプランを作成し，実施していくといった本来の目的が，必ずしも果たせていないのが現状である。

2　なぜ，こうしたケアプランの作成・実施状況にあるのか

　このようなケアプラン作成状況が生じている根本的な原因はどこにあるのだろうか。個々人のニーズに沿った個別的なケアプランを作成し，実施することが，利用者に対する質の高いケアを提供していくうえで不可欠な条件であるといった思いが，施設職員には必要である。ところが実際には，施設職員側の意欲からケアプラン作成への熱意が熟し，ケアプランの作成・実施がボトムアップに始まらなかったといえる。すなわち，介護保険制度が始まるなかで，ケアプランの作成が法的に義務づけられ，ときにはトップダウンに押しつけられることでスタートしたことに起因している側面が強いといわざるを得ない。同様に，障害者福祉施設でも，支援費制度が開始されるにあたって，ケアプランの作成が都道府県知事や指定都市・中核市の市長から指定を受けるための条件になっており，他律的にスタートを切らざるを得ない状況にある。

　本来，ケアプランの作成は，施設職員が利用者とのかかわりのなかで感じた必要性や願いからスタートされるべきものである。そうしたときに，ケアプランの本来の意義でもある利用者の思いや要望を吸い上げたものとなり，ケアプラン作成の目的が明確となり，施設での質の高いケアへと展開していくことになり得るはずである。

　主体的にケアプランを作成するという発想が施設側に生じてこなかったもう一つの原因は，社会福祉施設が本来もっていた姿勢とも関係があると考えられる。従来の社会福祉施設には，「利用者をお預かりする」あるいは「利用者をお世話する」といった発想が強く，専門

的・計画的に支援をしていくといった＜plan→do→see＞の発想が定着していなかった側面も大きかったといえる。

　他方，介護療養型医療施設といった従来の医療施設でもケアプランの作成が義務づけられているが，そうした施設では，従来専門家こそが患者にとって最適なことを知っているといった専門職志向の意識が強かった。ひいては，患者をどのように治療していくか，ADLをどのように向上させていくのかといった治療的な視点でのプランづくりが多かったといえる。そうしたことが，利用者と一緒になり，利用者の意向に沿った生活を支援するためにケアプランを作成していくといったニュアンスが弱いものにならざるを得なかった要因だといえる。

　概して，医療的な側面の強い施設は利用者の生活を支援するといった意識が弱く，生活の一部である身体機能状況の改善に目を向けがちなケアプランにならざるを得なかった。そういう意味で，医療面の強い施設では，医療的な問題も当然含めながらの利用者の生活支援として，＜plan→do→see＞を展開していく発想になじみにくかったといえる。

　さらに，多くの施設は，今回の介護保険や支援費制度においてケアプランの作成が義務づけられる以前から，どのような名称であれ，十分でなくとも，個々の利用者に対して，さまざまな工夫をこらしながら，ある種のケアプラン作成が行われてきた。ところが，介護保険制度では，黒船のようなケアプランのマニュアルがトップダウンで提示され，今までの経験上積み上げてきたよさを棄ててしまった側面もある。本来は，そうした過去の積み上げでの実績を大切にしながら，個々の施設でのケアプランの作成・実施方法について検討することが必要である。

3　施設におけるケアプランはなぜ必要か

　単に「お預かりする」といった発想から，専門的・計画的にケアしていくといった＜plan→do→see＞の発想への転換は，利用者へのケアを実施するにあたって不可欠である。

　施設を利用する本人からみても，またその家族の立場からみても，利用者に対して施設内で質の高い生活をどう提供してくれるのかと

いった思いが強く，さらには，そのために利用者の意向を汲んでほしいといった願いも強い。したがって，そうした意向を含めたケアプランを作成し，実施してほしいという気持ちが強いといえる。

一方，実務にかかわる職員の立場からケアプランの必要性を考えてみると，利用者に対して的確なケアをどのように行うのかを方向づけるうえで，ケアプランは不可欠である。同時に，ケアプランに基づき自ら実施したケア行為がどのような効果をもたらしたかを自己評価し，今後のケア内容を検討するためにも，ケアプランは有効であるといえる。

また，施設経営者の観点からケアプランをとらえてみれば，個々の利用者に対して効果的かつ効率的にケアが展開しているかどうかの評価だけでなく，個々の職員について，ケアプランを作成し，それを実施する能力レベルを評価することも可能にする。その結果，ケアの質を向上させることができ，かつ，施設全体を効果的・効率的に運営できるところに，ケアプランの有用性があるといえる。

このように，施設のケアプランは，施設を利用する者やその家族，また逆に施設で直接実務にかかわる者や経営者にとっても，必要なものであるといえる。ここに，施設のケアプランの中身が問われることになる。

参考①▶指定介護老人福祉施設の人員，設備及び運営に関する基準

> **第11条** 指定介護老人福祉施設の管理者は，介護支援専門員に施設サービス計画の作成に関する業務を担当させるものとする。
> 2　施設サービス計画に関する業務を担当する介護支援専門員（以下「計画担当介護支援専門員」という。）は，施設サービス計画の作成に当たっては，適切な方法により，入所者について，その有する能力，その置かれている環境等の評価を通じて入所者が現に抱える問題点を明らかにし，入所者が自立した日常生活を営むことができるように支援する上で解決すべき課題を把握しなければならない。
> 3　計画担当介護支援専門員は，入所者及びその家族の希望，入所者について把握された解決すべき課題に基づき，当該入所者に対する指定介護福祉施設サービスの提供に当たる他の従業者と協議の上，指定介護福祉施設サービスの目標及びその達成時期，指定介護福祉施設サービスの内容，指定介護福祉施設サービスを提供する上で留意すべき事項等を記載した施設サービス計画の原案を作成しなければならない。
> 4　計画担当介護支援専門員は，施設サービス計画の原案について，入所者

> に対して説明し，同意を得なければならない。
> 5　計画担当介護支援専門員は，施設サービス計画の作成後においても，指定介護福祉施設サービスの提供に当たる他の従業者との連絡を継続的に行うことにより，施設サービス計画の実施状況の把握を行うとともに，入所者についての解決すべき課題の把握を行い，必要に応じて施設サービス計画の変更を行うものとする。
> 6　第2項から第4項までの規定は，前項に規定する施設サービス計画の変更について準用する。

参考②▶介護老人保健施設の人員，施設及び設備並びに運営に関する基準

> 第13条　介護老人保健施設の管理者は，介護支援専門員に施設サービス計画の作成に関する業務を担当させるものとする。
> 2　施設サービス計画に関する業務を担当する介護支援専門員（以下「計画担当介護支援専門員」という。）は，施設サービス計画の作成に当たっては，適切な方法により，入所者について，その有する能力，その置かれている環境等の評価を通じて入所者が現に抱える問題点を明らかにし，入所者が自立した日常生活を営むことができるように支援する上で解決すべき課題を把握しなければならない。
> 3　計画担当介護支援専門員は，入所者及びその家族の希望，入所者について把握された解決すべき課題並びに医師の治療の方針に基づき，当該入所者に対する介護保健施設サービスの提供に当たる他の従業者と協議の上，サービスの目標及びその達成時期，サービスの内容，サービスを提供する上で留意すべき事項等を記載した施設サービス計画の原案を作成しなければならない。
> 4　計画担当介護支援専門員は，施設サービス計画の原案について，入所者に対して説明し，同意を得なければならない。
> 5　計画担当介護支援専門員は，施設サービス計画の作成後においても，介護保健施設サービスの提供に当たる他の従業者との連絡を継続的に行うことにより，施設サービス計画の実施状況の把握を行うとともに，入所者についての解決すべき課題の把握を行い，必要に応じて施設サービス計画の変更を行うものとする。
> 6　第2項から第4項までの規定は，前項に規定する施設サービス計画の変更について準用する。

参考③▶指定介護療養型医療施設の人員，設備及び運営に関する基準

> 第14条　指定介護療養型医療施設の管理者は，介護支援専門員に施設サービス計画の作成に関する業務を担当させるものとする。
> 2　施設サービス計画の作成に関する業務を担当する介護支援専門員（以下

この条において「計画担当介護支援専門員」という。）は，施設サービス計画の作成に当たっては，適切な方法により，入院患者について，その有する能力，その置かれている環境等の評価を通じて入院患者が現に抱える問題点を明らかにし，入院患者が自立した日常生活を営むことができるように支援する上で解決すべき課題を把握しなければならない。

3　計画担当介護支援専門員は，入院患者及びその家族の希望，入院患者について把握された解決すべき課題並びに医師の治療の方針に基づき，当該入院患者に対する指定介護療養施設サービスの提供に当たる他の従業者と協議の上，サービスの目標及びその達成時期，サービスの内容，サービスを提供する上で留意すべき事項等を盛り込んだ施設サービス計画の原案を作成しなければならない。

4　計画担当介護支援専門員は，施設サービス計画の原案について，入院患者に対して説明し，同意を得なければならない。

5　計画担当介護支援専門員は，施設サービス計画の作成後においても，介護療養施設サービスの提供に当たる他の従業者との連絡を継続的に行うことにより，施設サービス計画の実施状況の把握を行うとともに，入院患者についての解決すべき課題の把握を行い，必要に応じて施設サービス計画の変更を行うものとする。

6　第2項から第4項までの規定は，前項に規定する施設サービス計画の変更について準用する。

参考④▶指定身体障害者更生施設等の設備及び運営に関する基準

第18条　指定身体障害者更生施設は，指定施設支援の提供に当たって，入所者に対して当該施設支援の提供に係る計画（以下「施設支援計画」という。）を作成するとともに，当該施設支援計画に基づき，適切に指定施設支援を提供しなければならない。

2　指定身体障害者更生施設は，前項の規定による施設支援計画の作成に当たって，入所者に対し，当該施設支援計画について説明するとともに，その同意を得なければならない。

3　指定身体障害者更生施設は，第1項の規定による施設支援計画の作成に当たって，施設支援計画の作成に係る会議を開かなければならない。

4　指定身体障害者更生施設は，施設支援計画の作成後においては，その実施状況の把握を行うとともに，入所者について解決すべき課題を把握し，必要に応じて施設支援計画の見直しを行わなければならない。

5　第2項及び第3項の規定は、前項に規定する施設支援計画の見直しについて準用する。

2 どのようなケアプランを作成するのか
―何を計画的にケアするのか―

　施設でのケアプラン作成・実施の目的は，基本的に利用者の生活を支援し，質の高い生活を支えることにある。

1　施設とはどういうところか

　人々は地域で居住しようが，施設に住もうが，日々の日常生活は継続している。その意味では，施設においても，利用者の入所以前からの生活を継続的に支援していくことが求められる。さらに，施設生活をできる限り在宅生活に近づけていくことが，施設ケアの基本的な命題であるといえる。具体的には，利用者の施設の居室が，ある意味では自宅の居室であるかのごとく生活していけるような視点でケアしていくことである。
　そのため，当然のことであるが，利用者の施設生活において，個々の利用者が生活していくうえでのニーズに合わせて，施設側は単に介護サービスを提供するだけではなく，医療・看護ケアや生きがいに関するサービスも提供し，利用者にとって質の高い，充実した施設生活を支援していかなければならない。
　ここでは，介護保険施設および障害者福祉施設等の施設の目的について表に示してみる。この表に示してあるように，介護保険施設や障害者福祉施設においては，日々の生活の世話や医療・看護的なサービスといった提供を通じて，全体として利用者の生活を支援していくことを目的にしていると総括することができる。すなわち，生活の一部として医療・看護の側面や介護の側面，訓練や職業・生きがいの側面が含まれており，施設では利用者の生活を質の高いものにすることを目的にしているといえる。

2 生活を支援するケアプランの特徴

利用者の生活を支援する前提として，利用者には「どのような生活をしたいのか」といった利用者本人の意向が当然存在する。その意向は，人によって異なっており，そのことが当然ケアプランに反映されることになり，利用者と職員が一緒に，一人ひとり異なったプランを

表　介護保険施設および障害者福祉施設等の「施設の目的」

施設名	根拠法	根拠条文	施設の目的
介護老人福祉施設	介護保険法	第7条第21項	老人福祉法第20条の5に規定する特別養護老人ホームであって，入所する要介護者に対し，施設サービス計画に基づいて，入浴，排せつ，食事等の介護その他の日常生活上の世話，機能訓練，健康管理及び療養上の世話を行うことを目的とする施設。
介護老人保健施設	介護保険法	第7条第22項	要介護者に対し，施設サービス計画に基づいて，看護，医学的管理の下における介護及び機能訓練その他必要な医療並びに日常生活上の世話を行うことを目的とする施設。
介護療養型医療施設	介護保険法	第7条第23項	療養病床等を有する病院または診療所であって，入院する要介護者に対し，施設サービス計画に基づいて，療養上の管理，看護，医学的管理の下における介護その他の世話及び機能訓練その他必要な医療を行うことを目的とする施設。
身体障害者更生施設	身体障害者福祉法	第29条	身体障害者を入所させて，その更生に必要な治療または指導，及びその更生に必要な訓練を行う施設。
身体障害者療護施設	身体障害者福祉法	第30条	身体障害者であって常時の介護を必要とするものを入所させて，治療及び養護を行う施設。
身体障害者授産施設	身体障害者福祉法	第31条	身体障害者で雇用されることの困難なもの，または生活に困窮するもの等を入所させて，必要な訓練を行い，かつ，職業を与え，自活させる施設。
知的障害者更生施設	知的障害者福祉法	第21条の6	18歳以上の知的障害者を入所させて，これを保護するとともに，その更生に必要な指導及び訓練を行うことを目的とする施設。
知的障害者授産施設	知的障害者福祉法	第21条の7	18歳以上の知的障害者であって雇用されることが困難なものを入所させて，自活に必要な訓練を行うとともに，職業を与えて自活させることを目的とする施設。
精神障害者授産施設	精神保健及び精神障害者福祉に関する法律	第50条の2第3項	雇用されることが困難な精神障害者が自活することができるように，低額な料金で，必要な訓練を行い，職業を与えることにより，その者の社会復帰の促進を図ることを目的とする施設。

作成するといったコンセプトが出来上がってくる。すなわち、ケアプランは利用者と職員との共同作業のなかでつくり上げられるものであり、その結果、ケアプランのもとで利用者の施設生活での思いや願いがかなうものでなければならない。

このことが急性期[*9]の医療施設で作成されるプランと大きく異なる部分である。医療でも確かに患者の意向を尊重した、根拠を基礎にした医療（evidence based medicine）が求められるが、医療施設では、生活支援というよりも治療そのものが目的であることに根本的な違いがあり、治療のためにプランが作成されることになる。また、生活と医療とでは利用者なり患者の有している情報量が異なっている。医療領域でのプランの作成においては専門的な知識が大部分を占め、利用者はそうした専門的知識を習得しがたい部分が多い。そのため、医療場面では、「利用者と一緒に」といった発想でプランを作成するのには困難な側面が強く、インフォームド・コンセントやインフォームド・チョイス[*10]といったかたちで、患者への説明や患者からの同意や自己選択を求めるようになってきている。

ところが、施設での生活を支援する場合には、利用者は生活への思いや願い、さらには知恵を多く有しており、そのため、利用者と一緒にプランを作成することがより容易である。すなわち、情報の非対称性といわれるように、情報は専門職が有し、利用者が有していないといった非対称性は、必ずしも医療施設に比べて生活を支援する施設の場合には大きくない。その意味で、生活を支援する施設では、医療施設より情報の非対称性を克服できやすいといえる。

この克服は、利用者が専門家と知識等の情報を共有していくことでもある。それゆえ、施設でも、専門家が利用者と一緒に共同作業としてケアプランを作成していくという視点が、きわめて重要なコンセプトであるといえる。

*9 疾病等の状態がまだ落ち着いていない時期を指す。

*10 〔informed consent〕患者が病気について十分な説明を受け、了解したうえで、医師とともに治療法などを決定していくことをいう。「説明に基づく同意」「知らされたうえでの同意」などと訳される。

3　施設生活で生じるニーズとは何か

利用者の施設における質の高い生活を支援することがケアプラン作成の目的であるが、この施設生活で生じるニーズとは何かを明らかにしてみたい。

このことは，従来のWHO（世界保健機関）による国際障害分類である，インペアメント（impairment：機能障害），ディスアビリティ（disability：能力障害），ハンディキャップ（handicap：社会的不利）といった側面で障害をとらえることと類似している。この国際障害分類（ICIDH）は，2001年5月，20年ぶりに新たに国際生活機能分類（ICF）として見直され，承認されている。

ICFの健康に関する考え方は図1，図2のようになっている。この二つの図のなかで示されているように，ボディファンクション・スト

図1　ICF構成要素の概観

構成要素	第1部：生活機能と障害		第2部：背景因子	
	心身機能・身体構造	活動・参加	環境因子	個人因子
領域	1　心身機能 2　身体構造	生活領域 （課題，行為）	生活機能と障害への外的影響	生活機能と障害への内的影響
構成概念	心身機能の変化 （生理的） 身体構造の変化 （解剖学的）	能力 標準的環境における課題の実行 実行状況 現在の環境における課題の遂行	物的環境や社会的環境，人々の社会的な態度による環境の特徴がもつ促進的あるいは阻害的影響力	個人的な特徴の影響力
肯定的側面	機能的・構造的統合性	活動 参加	促進因子	非該当
	生活機能			
否定的側面	機能障害 （構造障害を含む）	活動制限 参加制約	阻害因子	非該当
	障害			

図2　ICFの構成要素間の相互作用

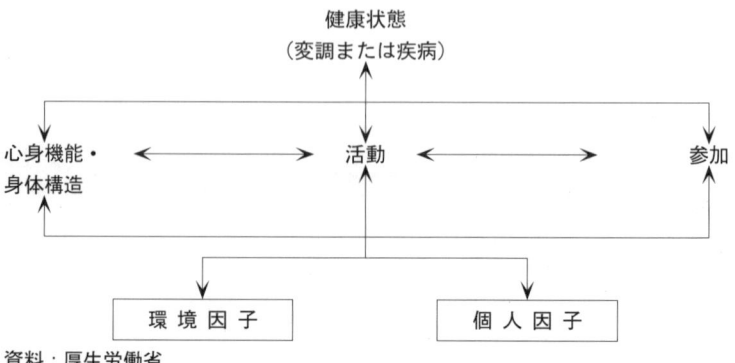

資料：厚生労働省

ラクチャー（body function & structure：心身機能・構造），アクティビティ（activity：活動），パーティシペーション（participation：参加）の三つの要素が健康状態（health condition）に影響していると考えている。この健康とは，広く心身の健康を指すが，この三つの要素のなかで，例えば，人は心身機能・構造を改善することにより健康を得たり，あるいは人が活動を積極的に実施することによって健康を増進したり，人が参加を促進することによって健康を得るといったことと関連している。さらには，そうした健康状態は本人の個人的な諸因子（personal factors）と環境的な諸因子（environmental factors）によって影響を受けているといった，人と環境との関係のなかで健康が形成されていることが，この二つの図のなかから読み取ることができる。

この「健康状態」を「生活」という言葉に置き換えることができるが，その生活のなかで生じるニーズとは何かを説明することが可能になる。すなわち，生活で生じるニーズというのは，本人の身体機能状況，精神心理状況，社会環境状況との関係のなかから生じていると説明することができる。あるいは，本人と環境との相互関係のなかで問題が生じているとも説明することができる。

例えば，一つの事例から，施設生活で生じる利用者の生活ニーズを考えてみたい。

【事例】

> Aさんは，病院を退院し，現在施設に入所しているが，病院に入院していたときから褥瘡がある。同時に，本人は寝がえりができないが，こうしたADLの低下に伴い，意欲をなくし，食欲もほとんどない。なお，この施設では夜間に2回ケアワーカーが巡回することになっている。

この事例のなかで，「褥瘡が治癒できないで困っている」といったニーズが生じている。このニーズの背景としては，本人の身体機能状況において「褥瘡があること」，精神心理状況において「食べる意欲をなくしていること」，社会環境状況において「ケアワーカーが，夜間2回しか巡回できないこと」，こうした三つの観点が関係し合って，「褥瘡が治癒できないで困っている」といったニーズが生じているといえる。ここでは褥瘡の治癒が，栄養面，さらには体位変換の頻度と

関係していることを前提にしている。

　同様に，この事例を人と環境との関係という観点で説明すれば，本人は「褥瘡があるにもかかわらず，食べる意欲をなくしており」，施設環境として，「ケアワーカーが夜間2回しか巡回に行けない」といった状況にあるため，「褥瘡の治癒ができないで困っている」といったニーズが生じている。

　このような本人の身体機能状況，精神心理状況，社会環境状況との関係性で生活ニーズをとらえるならば，身体機能状況を変えたり，精神心理状況を変えたり，あるいは社会環境状況を変えることによって，生活ニーズは解決することになる。すなわち，褥瘡に目を向け治療すること（身体機能状況），食べる意欲を高めること（精神心理状況），ケアワーカーの夜間の見守りによる体位変換の頻度を増やすこと（社会環境状況）によって，褥瘡の治癒を図っていくことになる。

　また同じように，人と環境との関係性で生活ニーズをとらえるならば，本人の心理的な意欲や身体的な褥瘡に目を向け，それらを解決するだけではなく，施設の環境としてのケアワーカーの職務に目を向け，それらを改善していくことによって，生活ニーズを解決していくことが考えられる。

　このような観点からニーズをとらえるとすれば，単にケアプランは利用者自身を変化させることにより，ニーズを解決していくということではなく，利用者の生活全体をとらえて，問題を解決・緩和していくといった視点がポイントになる。

　従来の施設のケアプランは，ある意味で治療的な発想が強かったといえる。例えば，Aさんの身体機能状況にのみ目を向ければ，「褥瘡があり困っている」ので「治療をする」となる。これは，入所している本人の身体面のみに焦点を当てて作成したプランであり，その結果「褥瘡を治癒する」といった「その人を治す」「その人を変える」といった視点でケアも行われることになる。しかしながら，生活を支援するという観点でニーズをとらえるならば，利用者本人の身体機能状況を変えるだけではなく，本人の精神心理状況の変化をプランに含めることで支援したり，施設の職場環境を変えていくことをケアプランのなかに含め，実施していくことになる。

　前頁の事例では，具体的には，利用者の食べる意欲を高めるために，家族や友人の施設訪問をケアプランのなかに含めることが考えられる。また，ケアワーカーの体位変換のための夜間の巡回回数がこれ

でよいのかについてカンファレンスで検討され，夜間のケアワーカーによる体位変換の回数が増やされることも考えられる。

　これら身体機能状況，精神心理状況，社会環境状況については，利用者の現在の状況における関係性のみで生活ニーズをとらえるのではない。利用者の過去の生活経過のなかにおける精神心理状況や社会環境状況，さらには身体機能状況といった背景が追加される場合もある。加えて，利用者の将来に対する思いとしての身体機能状況，精神心理状況，社会環境状況が生活ニーズに影響を与える場合もある。

　以上の結果，先に述べた2001年のWHOによるICFでは，「医学モデル」と「社会モデル」の統合を求めている。少し長くなるが，引用して，その考え方を示してみたい。[11]

*11
『ICF 国際生活機能分類—国際障害分類改定版—』中央法規出版，18頁，2002年。

> 　障害と生活機能の理解と説明のために，さまざまな概念モデルが提案されてきた。それらは「医学モデル」対「社会モデル」という弁証法で表現されうる。医学モデルでは，障害という現象を個人の問題としてとらえ，病気・外傷やその他の健康状態から直接的に生じるものであり，専門職による個別的な治療というかたちでの医療を必要とするものとみる。障害への対処は，治癒あるいは個人のよりよい適応と行動変容を目標になされる。主な課題は医療であり，政治的なレベルでは，保健ケア政策の修正や改革が主要な対応となる。一方，社会モデルでは障害を主として社会によって作られた問題とみなし，基本的に障害のある人の社会への完全な統合の問題としてみる。障害は個人に帰属するものではなく，諸状態の集合体であり，その多くが社会環境によって作り出されたものであるとされる。したがって，この問題に取り組むには社会的行動が求められ，障害のある人の社会生活の全分野への完全参加に必要な環境の変更を社会全体の共同責任とする。したがって，問題なのは社会変化を求める態度上または思想上の課題であり，政治的なレベルにおいては人権問題とされる。このモデルでは，障害は政治的問題となる。
>
> 　ICFはこれらの2つの対立するモデルの統合に基づいている。生活機能のさまざまな観点の統合をはかる上で，「生物・心理・社会的」アプローチを用いる。したがってICFが意図しているのは，1つの統合を成し遂げ，それによって生物学的，個人的，社会的観点における，健康に関する異なる観点の首尾一貫した見方を提供することである。

このことは，今まで述べてきた身体機能・精神心理・社会環境という諸側面での関係においてニーズをとらえること，あるいは，人と環境との関係においてニーズをとらえ，問題の解決や緩和を図っていくことと同じことを意味している。それゆえ，本書でのアプローチは，「医学モデル」でも「社会モデル」でもなく，「生活モデル」のアプローチであるといえる。

　また，従来の施設処遇では，「生活モデル」よりも「医学モデル」のアプローチが中心であったといえる。

3 ケアプラン作成の基本的な考え方

1 ケアプランの前提となるもの

　ケアプランの作成・実施にあたって，施設全体や個々の職員には二つの不可欠な前提となる要件をもっていることが求められる。

　第一の不可欠な要件としては，利用者に対する人権や尊厳といった価値観を，施設全体や個々の職員がもっていなければならない，ということである。それがひいては，利用者の自己決定や自己選択を支援していくことになる。さもなければ，ケアプランは利用者の生活の質を高めるプランにはなり得ないだけでなく，例えば身体拘束といった人権を無視したケアプランになってしまう可能性がある。

　第二の不可欠な要件としては，施設全体や個々の職員がそれぞれの専門的な立場での知識や技術をもっていなければならない，ということである。そうでなければ的確なケアプランを作成できないだけでなく，せっかく作成されたケアプランを実施できないことにもなる。例えば，ケアワーカーであれば，介護に関する知識・技術がなければ，たとえ立派なケアプランを作成したとしても日々の活動のなかでそのケアプランを円滑に遂行することができない。これは，生活相談員，看護師，栄養士といった他の専門職の場合も同じである。

　同時に，ケアプランにおいては，必ずしも施設内のサービスを活用するだけにとどまらず，施設外にある社会資源を活用する場合もある。例えば，利用者のニーズを充足するケアの一部として，専門医に治療を依頼したり，ボランティア，施設の近隣，タクシー会社，利用者の家族，親戚，友人等を活用することも考えられる。もちろん，こうした施設外の社会資源を活用する場合には，そうした社会資源となり得る人々についても，利用者に対する人権・尊厳といった価値観や，それぞれの立場での知識や技術が必要になる。それゆえ，施設外の社会資源をケアプランのもとで活用する場合には，ケアプラン作成

者は適切な価値観や知識・技術をもっている社会資源を探し出したり，そうなるよう教育的・支援的な機能を果たしていくことが必要である。

　こうしたなかでケアプランが目的とすることは，施設生活のなかで，利用者の自立を支援することである。すなわち，利用者本人が，自らの責任で主体的に自らの生き方を決定することを支援することになる。そのことにより，ひいては身体的自立や精神的自立，経済面での自立といった側面が高められることにつながっていく。

　施設のケアプランは利用者の自立を目的にすると同時に，施設生活のなかで，利用者の安全性や快適性を追求することも目的の一つとなる。すなわち，施設のなかで，利用者が安全で快適に生活ができることを，ケアプランを介して実施していかなければならない。このことは，全国社会福祉協議会の『特別養護老人ホームにおける自立に向けた介護展開手順の手引き』のなかで，施設生活において，「自立性・安全性・快適性」の三つがきわめて重要な概念であることを示している[*12]。

*12
『特別養護老人ホームにおける自立に向けた介護展開手順の手引き Part 2 入浴・痴呆編』全国社会福祉協議会，12頁，1998年。

2　ケアプランは個別的であること

　利用者の生活ニーズをもとにケアプランが作成されるということは，個々の利用者によって，ケアプランはすべて異なったものになるといえる。それは，利用者が同じ身体機能状況にあっても，精神心理状況が異なったり，ときには社会環境状況が異なることにより，生活ニーズが異なったものになり，さらには，個々の生活ニーズについての解決目標や解決方法も個々人の価値や好みにより異なったものになるからである。

　しかしながら，施設での利用者への日々のケアがすべて個別的に展開されるわけではない。施設における職員の日々の仕事は，業務マニュアルに則り，均質で基準化されたケアとして展開される部分も多い。そのため，施設内でのケアは，ケアプランと業務マニュアルの両者が融合し合い実施されることになる。すなわち，施設ケアには，利用者に対する個別化と基準化という一見相矛盾するケアが不可欠な要素として溶け合うことが求められる。そのため，当然のことである

が，すべての施設では，利用者に対するケアを基準化するために，ケアやリスクについての業務マニュアルが整備されていることが必要となる。同時に，ケアを個別化するため，ケアプランの作成・実施がなされなければならないことになる。

第 2 章

ケアプランの特徴と
枠組み

1 ケアプラン作成の目的

1 施設利用者の現状

　生活上のさまざまな問題を抱えた人々の多くは，地域社会のなかで生活をしている。しかしながら，そうした地域での生活が困難になった場合や，地域社会に戻ることを準備するために，一定期間施設で生活をする。

　現在，コミュニティケアの重要性が叫ばれ，どのような生活ニーズをもった人でも，できる限り住み慣れた地域で生活を続けられるよう支援していくことが強調されている。この根底には，自らの生き方を自らが決めるといった自立支援の考え方や，だれもが普通の生活をすることができるといったノーマライゼーション[*1]思想を実現させることがある。

　しかしながら，現実に多くの人たちは生活ニーズを解決するために，施設のなかで生活をしている。具体的には，介護保険施設では表のように介護保険サービス利用者のうちの約３割にあたる67万1423人が施設で生活している（平成14年３月現在）。

　また，身体障害者療護施設[*2]，身体障害者更生施設[*3]，身体障害者授産施設[*4]等に入所している障害者数は約16万2000人に及び，身体障害者のうち約５％が施設で生活していることになっている（平成８年の「社

*1
〔normalization〕
障害者や高齢者など社会的に不利を負う人々を当然に包含するのが通常の社会であり，そのあるがままの姿で他の人々と同等の権利を享受できるようにするという考え方であり，方法。

*2
身体障害者福祉法に基づき設置される身体障害者更生援護施設の一種で，生活施設に分類される。その目的については16頁の表を参照。

*3
身体障害者福祉法に基づき設置される身体障害者更生援護施設の一種。なお，目的については16頁の表を参照。

*4
身体障害者福祉法に基づき設置される身体障害者更生援護施設の一種で，作業施設に分類される。その目的については16頁の表を参照。

表　施設介護サービス受給者数
　　：現物給付（１月サービス分），償還給付（１，２月サービス分）

(人)

区分	介護老人福祉施設	介護老人保健施設	介護療養型医療施設	総数
第１号被保険者	312,479	240,160	108,217	660,856
第２号被保険者	3,240	3,702	3,625	10,567
合計	315,719	243,862	111,842	671,423

会福祉施設等調査」による)。さらに，知的障害者の場合も，更生施設[*5]と授産施設[*6]に9万8283人入所しており，知的障害者と推計されている人数の23.8%が施設入所していることになる（平成11年10月現在)。精神障害者の場合には，病院入院が34万人と多く，社会復帰施設を約8000人が利用している（平成8年の「患者調査」による)。この結果，精神障害者の場合には，病院と施設とを合わせて18.3%が利用していることになる。

　以上のように，多くの人たちが施設で生活をしていることを考えれば，施設利用者ができる限り在宅生活と同じように，自立の考え方が貫徹され，同時にノーマライゼーションの思想が普及する施設生活となるよう支援していくことが重要な課題である。そのことは，施設ができる限り「自宅」に近いものとなることであり，現在ハード面で展開されている，「個室化」「ユニットケア」「グループホーム」はいかに「自宅」に近づけるかの努力の一端でもあるといえる。このことは，単に施設のハード面だけでなく，ソフト面であるケアについても自宅に近いものとなることが求められる。さらにいえば，現状での「個室化」や「ユニットケア」の議論は，ハード面での関心が中心であり，自宅に近いケアを施設で提供していくソフト面の視点から議論されることがやや弱いといえる。

[*5] 知的障害者福祉法に基づき設置される知的障害者援護施設の一種。その目的については16頁の表を参照。

[*6] 知的障害者福祉法に基づき設置される知的障害者援護施設の一種。その目的については16頁の表を参照。

2　施設利用者の生活支援

　介護保険施設であろうと，障害者福祉施設であろうと，利用者に対して生活を支援することがケアプラン作成の目的であることは前章で述べたとおりである。さらに，その際には，利用者の身体機能状況，精神心理状況，社会環境状況の関係性のもとで生活ニーズをとらえ，問題の解決を図っていくことについてもすでに言及してきた。こうして生活を支援していく場合に，利用者の生活支援の目標としては，次の3点を具体的に展開していかなければならない。

　第一は，利用者の「自立性の支援」である。すなわち，自らの生活を自らの責任で決めることを支援することである。第二は，利用者の「快適性の支援」である。すなわち，その生活が心地よいものであるよう支援することである。第三は，利用者の「安全性の支援」であ

る。すなわち、リスクが生じることなく、安全で安心して生活ができるよう支援することである。

　この三つの支援は、ときには矛盾する場合がある。つまり、利用者の生活の快適性を高めることが、安全性を高めることと矛盾することがある。また、自立性を高めることが、安全性を低めることにもなりかねない。換言すれば、その人にとって心地よい生活というものは、ときには安全性を脅かすことにもなる。また、自分で決定していく生活は、その安全性を欠くことも考えられる。

　そのため、リスクを予防しながら、利用者の自立性や快適性を高めることを目指すことが、当然ケアプランの目的になり、生活支援の目的になる。それは決して、一人ひとりの利用者について最高の生活を追求するわけではなく、また制約された生活を求めるわけでもない。利用者にとって自立性、安全性、快適性が最適な（comfortable）調和した生活を、利用者が自己選択できるよう支援していくことにあるといえる。そのためには、施設職員側は、ケアプラン作成において、利用者の自己決定を支援するために、利用者との信頼関係を築きながら、そこで可能な限り多くの具体的な選択肢を提案することになる。

図1　施設生活における三つの概念

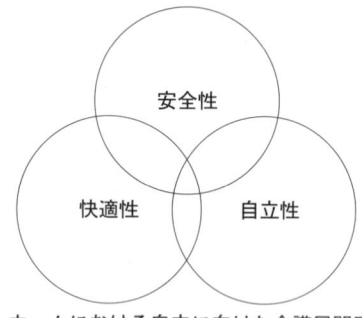

資料：『特別養護老人ホームにおける自立に向けた介護展開手順の手引き Part2 入浴・痴呆編』全国社会福祉協議会、12頁、1998年

3　ケアプランは施設利用者との約束事

　ケアプラン作成の基本は、施設側が作成し、利用者に提示し、了承をとるといった、利用者が受け身となる形態ではない。他方、利用者が決めたケアプランを、施設側がそのまま鵜呑みにするものでもな

い。ケアプランは利用者と施設側が一緒になり，共同作業として作成されるものである。そのため，作成されるケアプランは，利用者との関係において，利用者に全作成過程へ参画してもらい，最終段階では詳しく説明し了解を得ること，すなわちインフォームド・コンセントがなされなければならない。さらには，詳しく説明し，最終的に利用者がケア内容について選択するといったインフォームド・チョイスが実行されなければならない。

このことは，法的にも明記されている。介護保険制度では，三つの介護保険施設それぞれの運営基準において，「施設サービス計画の原案について，入所者に説明し，同意を得なければならない」と規定している。他方，障害者福祉施設についても，平成15年度からの運営基準において「入所者に対し，当該施設支援計画について説明するとともに，その同意を得なければならない」と述べられている。

以上，インフォームド・コンセントやインフォームド・チョイスという用語で象徴されるように，ケアプランは利用者と施設側との契約のもとで成り立つものであり，入所過程においては契約の一部を構成し，入所後のモニタリング過程でケアプランを変更するごとに契約内容も更新されていくことを原則にしているといえる。

ときにはケアプランを作成する過程で，当該施設では実行できない生活ニーズに遭遇することがあるが，こうしたニーズについては，当然利用者になぜ実行できないのかを説明し，了解を得ることが必要である。さらには，これらのニーズを実行するために，今後実現に向けて努力していくことの説明が可能であれば，それも利用者に表明し，了解を得ることになる。こうした実現できないニーズについての了解も，利用者と施設側との契約内容の一部を構成していることを理解しておかなければならない。

4　ケアプランは施設利用者の意向が中心に

作成されるケアプランは，利用者がどのような施設生活を送りたいのかといった意向が反映したものでなければならない。その際，第一のポイントは，当該施設のなかでどのような生活をしたいのかといった，利用者本人の大きな生活目標を設定することである。

第二には，求められる生活目標に向けて個々の生活領域についてどのような生活をしたいのかといったことが，ケアプランのなかに具体的に反映されていなければならない。すなわち，食事であるとか，入浴であるとか，移動であるとか，身だしなみといった個々の生活領域において，どのような生活をしたいのかといった利用者側の意向が反映されていなければならない。

　こうした大きな生活目標としての意向や，個々の生活領域における意向をケアプランに反映させるためには，アセスメント用紙のなかに本人の意向を確認できるような内容が含まれていることが望ましい。しかしながら，そうした利用者の意向をアセスメント項目として十分含めていないアセスメント用紙が現実には多い。そのため，アセスメントにおいては，そうした利用者の意向を生活領域ごとに詳しく聞きとめ，その結果をアセスメント用紙の自由記述部分にきちんと書き留めておくことがポイントである。

　例えば，大きな生活目標としては，「できる限り自分でやれることはやりたい」「空家となる家をときどきは見に行きながら，施設で生活したい」といった利用者の意向が挙げられる。さらには，個々の生活領域では，「昔からよく行っていたレストランで月1回程度は食事がしたい」といった食事に関する意向であったり，あるいは，「熱い

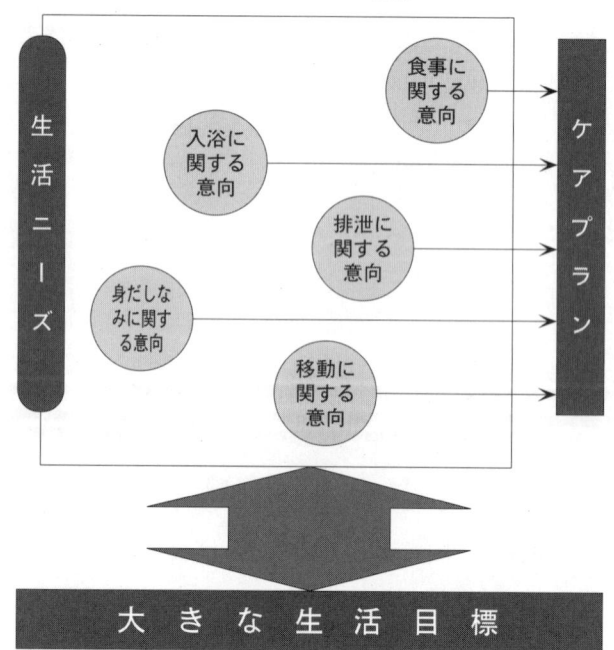

図2　利用者の意向とケアプランの関係

お風呂に入りたい」といった入浴に関する意向であったりする。また，「リハビリを続けたい」や「仏壇をそばに置いておきたい」といった意向もある。

　以上のような，大きな生活目標を利用者と一緒に定めることにより，利用者の個々の生活領域におけるニーズの達成に向けて対応していくことになる。また，個々のケアが実行できなかったり，ケア内容間で矛盾が生じた場合には，大きな生活目標との関係で適切であるかどうかの確認をすることになる。その結果，施設職員は，ケアプランが利用者の意向を含めた大きな生活目標達成のためにあることを認識し，大きな生活目標とケア内容とに矛盾が生じる場合には，利用者にもケアプラン実施上での問題点を伝え，矛盾を解決するよう一緒にケアプランを検討することになる。

5　多様な施設利用者への対応

　「どのような生活をしたいのか」といった本人の意向をケアプランの中心に据えることが重要であることを明らかにしてきたが，すべての利用者がそうした意向を表明できるわけではない。そうした意向の表明が十分でない利用者としては，コミュニケーションに障害のある痴呆性高齢者のほか，高次機能障害のある人たちや知的障害や精神障害のある人々の一部が考えられる。

　もう一つは，コミュニケーションに障害はないとしても，遠慮がちで施設職員に対して自らの意思を十分表明できない人々もいる。特に，施設入所当初の段階は利用者にとっては遠慮がちにならざるを得ない状況にあり，「入れてもらえた」といった感情が強く，ここでは自分の気ままは許されないといった感情をもつ場合が多い。こうした利用者は，職員との信頼関係ができていないために意思表示ができない側面もあり，十分な自己決定が難しい利用者については，ケアプラン作成時において十分な配慮が必要である。

　具体的な対応として，コミュニケーションに障害のある人たちについては，アセスメント実施者が利用者に寄り添いながら思いを感じとることで，本人の立場に立って意向を推し測り，それらを大きな生活目標や個々の生活ニーズに反映させていくことである。同時に，利用

者のことをよく知っており，かつ利用者の立場から本人の思いを語ることができる第三者と共同して，大きな生活目標や個々の生活ニーズを明らかにしていくことも二次的には重要である。

【対応事例①】

> グループホームに入所しているAさんには，夕食時に徘徊がみられる。この行動をとらえたケアワーカーは，Aさんの過去の生活歴や行動パターンから，徘徊を子どもに会いたいときの一つのサインと感じとった（ケアハウス入所中は，子どもが訪れ，夕食の世話を毎日していた）。
> そのうえで，Aさんのケアプランのなかに，「子どもと電話により会話できるようにすることで，徘徊の緩和を図る」といったサービス内容を盛り込み，問題の解決を図っていった。

遠慮がちな人たちの場合については，アセスメント実施者が信頼関係を得られるよう利用者の話に耳を傾け，利用者と同じ目線に立ち，できる限りそうした意向を発言しやすい雰囲気づくりや環境づくりに努めることが求められる。

【対応事例②】

> 施設に入所して間もないBさんは，施設生活自体を想定できないことに加えて，施設職員への遠慮もあり，「何も希望することはない」と言うばかりである。
> そこで担当のケアワーカーは，できる限り直接的なケアを介して，Bさんの気持ちを理解しながら声かけを行っていった。また，ときには，面接室を利用してプライバシーを確保し，話しやすい環境を設定することで，Bさんと話をする機会を増やし，信頼関係を深める努力を続けていった。その結果，Bさんはケアワーカーに「時には，自宅では行っていた散歩にでかけたい」ことをうちあけてくれた。

6 ケアプランのなかで利用者のニーズと専門家のニーズをマッチさせる

　利用者は自らの意向を中心として，本人の感じているニーズ（フェルト・ニーズ）を表出することになる。一方，専門職は利用者の身体機能状況，精神心理状況，社会環境状況のなかから，利用者が困るであろうと推測できる専門家としてとらえるニーズを明らかにすることになる。この専門家がとらえるニーズは，専門的な立場からとらえるニーズ（プロフェッショナル・ニーズ）と，社会規範の反映としてとらえるニーズ（ノーマティブ・ニーズ）に，この両者の境界は明確ではないが，分けることが可能である。

　専門的な立場からとらえるニーズとしては，例えば，「歩行能力を向上させる潜在的可能性が高いにもかかわらず，それが利用者本人の意欲や職員側の配慮がないためにできていない」といったニーズ，あるいは，「いろいろな方法を駆使すれば褥瘡を治癒できる可能性があるにもかかわらず，治癒されていないでいる」といったニーズなどがある。

　このような専門的な立場から導き出されるニーズがある一方で，「本人が入浴を嫌うため，週に1回の入浴もできていない」といったニーズは，社会規範的なニーズに相当する。ほかにも，「飲酒は一日一合以内という施設の決まりが守られていない」「喫煙室以外での喫煙が禁止されているが，いずれの場所でも吸いたがる」といったニーズも相当するといえる。このことは，施設の職員側が，利用者の自立を支援する原則を保ちながらも，利用者を施設の生活に適応させて

図3　専門家がとらえるニーズの構成要素

専門家としてのニーズ

| 社会規範の反映としてとらえるニーズ【normative needs】 | 専門的な立場からとらえるニーズ【professional needs】 |

いったり，社会的にコントロールしている側面ももち合わせていることを認識しておかなければならない。

　職員としては，プロフェッショナル・ニーズがフェルト・ニーズと一致しない場合には，専門家として考えていることを丁寧に説明し，できる限り機会をとらえ，利用者の気持ちも理解しながら話し合うことが必要である。ひいては，生活ニーズに関して利用者との合意をとり，ニーズを充足し得るよう継続的に支援していかなければならな

図4　プロフェッショナル・ニーズとフェルト・ニーズが一致しない場合の対応

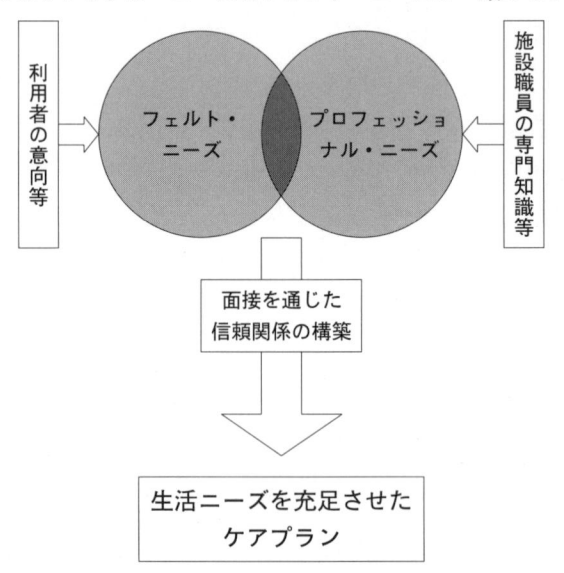

図5　ノーマティブ・ニーズとフェルト・ニーズが一致しない場合の対応

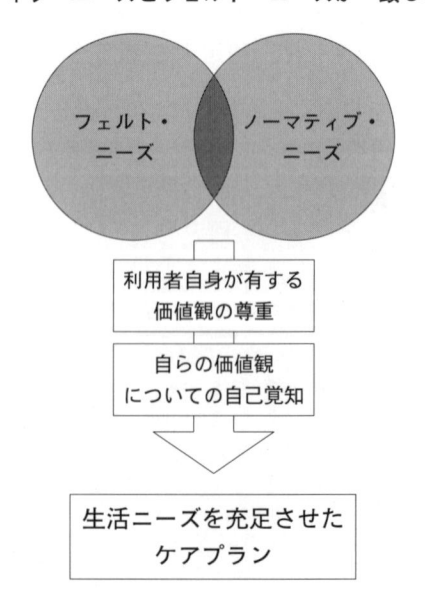

い。このことが，利用者との信頼関係の構築につながっていくことになる。

　他方，ノーマティブ・ニーズとフェルト・ニーズとが一致していない場合には，利用者は利用者自身が有している価値観を尊重しながら，自らの価値を自己覚知することで，生活ニーズとして確定することが適切であるかどうかを，利用者と一緒に，時間をかけて判断していく過程が重要である。

　このように，生活ニーズを充足させるケアプランは，利用者が十分に納得し最終決定することでもって，確定されることになる。また，施設の職員側と利用者側との食い違うニーズを一致させていくことに，多くの時間とエネルギーを費やされなければならないことを心しておくべきである。

2　ケアプランの枠組み

1　ケアプランの基本的な枠組み

　ケアプランの基本的な枠組みは、次のような図6になる。
　アセスメントでは、利用者の身体機能状況、精神心理状況、社会環境状況をとらえることで、利用者の生活の全体像を把握することになる。ただし、施設における社会環境面でのアセスメント項目は、すべての利用者に所与のものとして一定であり、尋ねる必要のないものが多い。例えば、住環境等についてはそうである。しかし、利用者本人と家族・親戚との関係については、利用者により異なるため、当然ア

図6　ケアプランの枠組み

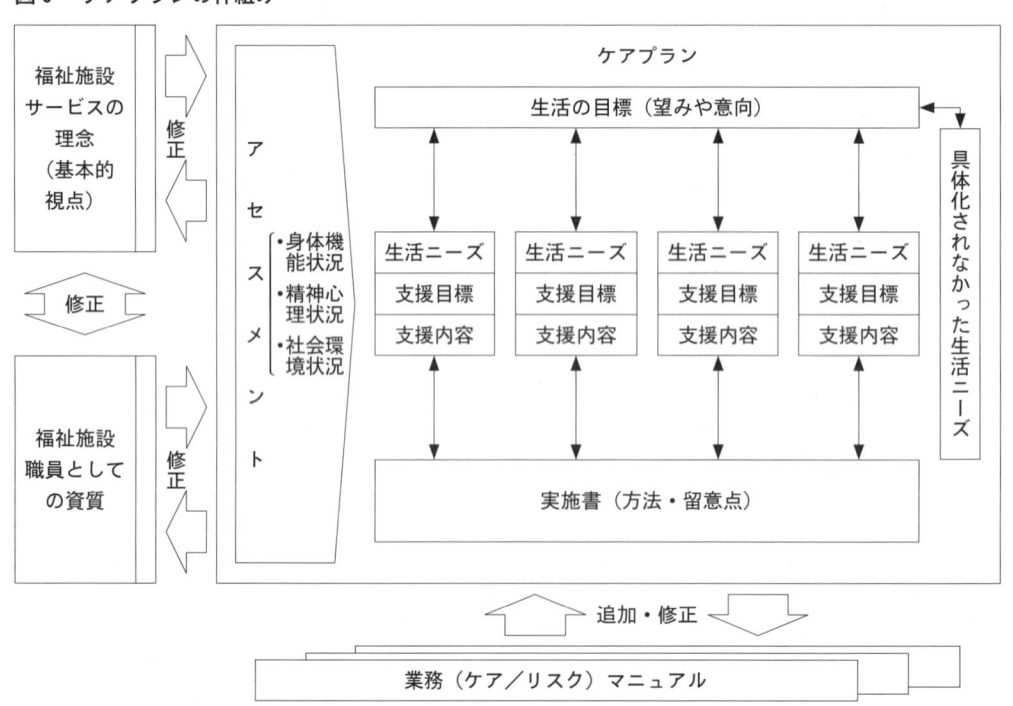

資料：『新版・社会福祉学習双書』編集委員会編『ケアマネジメント論』〈新版・社会福祉学習双書2002・17〉全国社会福祉協議会、192頁、2002年を一部改変

セスメント項目に含まれる。

　このアセスメントでは，利用者の発言や表情から把握するだけではなく，アセスメント実施者が，利用者について気になることや気づいたことも記述し，生活の全体像を把握することになる。その結果，意思表示が困難な利用者についても生活の全体性を専門的な立場から理解でき，生活ニーズを導き出すことが可能となる。一方，意思表示のできる者については，アセスメントにおいて「○○をしたい（願望）」「○○ができる（能力）」といった本人の意向を尋ねることにより，利用者の意向に基づいた生活ニーズを導き出すことができる。

　ケアプランの枠組みの第一は，まず利用者本人の施設生活全体に関する望みや意向といった「施設生活の目標」を尋ねることである。職員側はそれを踏まえて，「総合的な支援の方針」を示すことになる。これは，利用者からどのような施設生活をしたいのかを聞き出すこと，逆にいえば，施設側がどのような施設生活を支援していくのかの了解を利用者から得ることになる。これは一般に，大目標の設定という作業であり，結果的に，利用者だけでなく，施設職員全体の共通の大目標となる。これが図6では「生活の目標（望みや意向）」として示されている。

　第二に，利用者の「○○なので，○○がしたい」「○○なので，○○が困っている」などの希望や思いを尊重した生活ニーズを利用者と職員が一緒に導き出し，それらのニーズに関する支援目標と，具体的にだれが何をするのかといった支援内容を明らかにしていく。導き出したニーズについては利用者に提案し，了解を得ていくことになる。

　さらに，利用者とケアプランの原案を作成するにあたって，生活ニーズのうちのいくつかについて，支援内容について実施が困難なために，利用者に提案できず，ケアプランに含めることができなかった際には，実施困難理由を利用者に明らかにし，場合によっては，その後の解決方法を利用者に提示し，その内容も契約内容に含めることが必要である。

　こうした具体化できなかった生活ニーズについて施設内でのカンファレンスで職員が議論することにより，施設側は施設のあるべき理念や職員の資質について検討していくようフィードバックしていくことが可能になる。具体的には，こうした作業をもとに，当該施設全体で利用者の生活を豊かにしていくために，施設内でのケア内容を見直したり，改善したり，新たな施設内のケア体制を創設するといった取

り組みが欠かせないといえる。さらには，施設外の社会資源を積極的に活用していくことで，具体化されなかった生活ニーズの充足方法を検討する視点も必要といえる。

　次に，ここで作成されたケアプランには，個々の生活ニーズがどのようなケア内容でもって具体的に展開していくかを，より簡潔に明記した用紙の作成が求められる。これを一般に「実施書」という。ケアプランそのものは論理的ではあるが，複雑多岐にさまざまなケア内容が錯綜して記入されている。そのため個々のケアワーカーや生活相談員等が実際のケアプランに基づいて日々の業務を実施するときに，何をすべきかを一見して理解できる実施書があれば，日々のケアを円滑に進めることができる。

　さらに，図6には明記されていないが，ケアプランが作成されることによって個々の専門職（ケアワーカー，生活相談員，栄養士，看護師等）がそれぞれの専門的な立場でケアプランを分け，どのような仕事を実施していくのかといった各専門職部分のケアプランに分化していくことも可能となる。

　以上のような枠組みのもとでケアプランが作成されれば，当然のことであるが，図6に示してある具体化されなかった生活ニーズを中心として，施設全体の理念やミッション，施設職員の資質といった部分に影響を与え，それらを修正していくことが可能になる。さらには，施設の理念と職員の資質の両者は相互関係にあり，両者が同時に修正されていくことになる。このことは，ケアプランの作成・実施を介して，単に一人の利用者に対する質の高い生活を支援していくことに限らず，施設自体が変化していくことを意味している。

　他方，ケアプランを作成・実施することに加えて，施設に入所している利用者に対して，個々の職員がいかにケアするのかという一般的な業務（ケア／リスク）マニュアルが作成されており，それに基づいてケアが提供される必要がある。図6に示してある業務マニュアルによって，個々の職員が利用者のリスクを予防しながら，利用者に対して基準化されたケアを実施していくことになる。したがって，この図にも示されているように，業務マニュアルに基づいて，日々のルーティーン的なケア活動が基準化されたうえで実施され，一方，個々の利用者の個別化したニーズに対しては，ケアプランのもとで実行されることになる。

　なお，業務マニュアルでケア内容を基準化することは，確かにケア

を画一化する側面をもっているが，施設でのケアにおいて，利用者だれもが必要としている部分については画一的にケアを実施することで，一定のケアの質を担保することができる。そのため，施設ケアでは，ケアプランによる個別化を基本にして，特定層の利用者だれにも実施すべきことについては，業務マニュアルでもって基準化することになる。さらに，ケアプランをもとに，だれにも必要なケアの内容であるとして業務マニュアルが修正されたり，追加されていく。そのことが，またケアプラン内容に変化をもたらし，マニュアルの内容となることで，ケアプラン内容からなくなったり，ケアプランに追加される場合もある。具体的に，ケアプランは業務マニュアルに含まれていないニーズや，マニュアルと矛盾しているニーズについて，どのようなケアを実施するかを示すものとなる。

なお，業務マニュアルはケアプランから影響を受けて変化していくだけでなく，日々の業務の「ヒヤリハット」からも修正されていくことになる。その意味では，業務マニュアルの内容は日々変化しており，常に生きているといえる。

2 ケアプランの利用者を越えた外部への影響

ケアプランの作成・実施は，個々の利用者の施設内生活の支援にとどまらない。ケアプランの作成に伴って生じる実現できないニーズとの遭遇は，利用者以外にも大きな影響を与えることになる。すなわち，職員の態度や考え方に影響を与えることができる。同時に施設の理念といった今までその施設がもっているアドミッション・ポリシーにも影響を与えることができる。つまり，実現できないニーズを介して，職員の態度が変化し，資質が向上したり，より利用者の生活の質を高める理念に変更される。こうした結果，利用者のより質の高い生活を当該施設内で保障していく仕組みがつくられていくことになる。

さらには，そうした施設職員や施設全体の変化だけでなく，社会全体の変化にも影響を与えていくことができる。例えば，ケアプランを作成・実施することにより，現行の施設の人員等の基準体制では十分なケアができないといった人員配置の問題，ときには施設での個室や共有スペースのあり方，施設内の動線を含めたケアの効果的・効率的

な対応に向けた施設整備のあり方といった施設のハード面の改善などにも，説得力をもって影響を与えていくことで，施設自体や制度を変えていく大きな力になり得る。

　その意味で，ケアプランは単に利用者の生活ニーズを充足するといったことにとどまらない，大きな影響力をもっているといえる。こうした大きな力をもち得るのは，利用者の生活ニーズを原点にして，ケアの展開をしていく姿勢によっている。さらにいえば，こうした施設の理念や設備面，制度面での改善によって，施設内ではそれまで具体化できなかった生活ニーズを減少させていくことにつながっていくことにもなる。

3 在宅のケアマネジメントと施設ケアプランの関係

　施設のなかで作成され，実施されるケアプランのことを，諸外国では「ケアマネジメント」とは決していわない。しかしながら，在宅のケアマネジメントにおいても，ケアプラン作成やケアプラン実施といった計画作成過程が存在する。その意味では，在宅であろうが施設であろうが，利用者に対してケアプランが作成されることには違いがない。この両者のケアプランの関係について検討してみる。

1　在宅から施設，あるいは施設から在宅へのケアプランの連続性

　現状では，利用者を中心にみると，在宅でのケアマネジメントと施設でのケアプランが必ずしも連続したものとして実施されているわけではない。しかしながら，施設利用者は在宅から入所してくるとすれば，そこには連続した対応が必要不可欠である。同時に，介護保険施設においても，障害者福祉施設においても，施設は今や終の住家的な立場から，社会復帰施設なり中間施設へと位置づけが変わろうとしている。三つの介護保険施設とも，介護保険制度創設時点で法的に社会復帰的な要素をもつ施設として位置づけられた。また，身体障害者や知的障害者の施設では，自立生活運動が高まるなかで地域で生活したいといった思いをもち，退所していく事例も数多くみられるようになってきた。その意味では，施設のケアプランは，地域社会への復帰を目指す側面を含んだものでなければならない。

　こうした社会復帰支援としての施設のケアプランでは，第一には，大きな生活目標といわれる本人や介護者の支援に対する意向，さらには，職員側の総合的な支援の方針のなかに，地域社会への復帰の意向が明示されることが重要である。こうした大きな生活目標を実現するために，具体的な施設のケアプランのなかで，例えば，在宅で生活を

するにあたって自分で買い物ができる，食事を自分で食べられる，トイレで排泄ができるといった問題が解決されていく必要がある。あるいは，そうした解決は不可能であったとしても，利用者本人の自己決定が十分にできるようになるといったことが考えられる。また，介護者の立場からいえば，徘徊がなくなったり，あるいは緩和されるといったことがケアプランのなかで実現することにより，介護負担が軽減し在宅生活が可能となってくる。さらには，ケアプランでも歩行能力が高まり，3点杖で独自歩行が可能になった，といった解決をすることでも，在宅復帰が可能になってくる。

ただ，施設のケアプランは，単に治療としてADLを高めたり，徘徊を解決するといったことだけではなく，介護環境を整えれば十分な支援が可能であるといった内容をもったケアプランがつくられ，問題の解決や緩和がなされ，在宅復帰につなげていくことになる。そうした意味で，施設のケアプランは，具体的な生活支援の一部として治療的な側面を含めることによって，あるいは，さまざまな社会資源の利用を促進することによって，在宅復帰を高めていくことになり，施設で作成するケアプランは常に在宅生活の可能性を意識して作成されなければならないといえる。

以上のように，施設と在宅との連続性をケアプラン自体が包含する必要性が出てきている。しかしながら，そうした両者の連続性のもとで生活ニーズをとらえ，利用者の生活の連続性を図っていくことが必ずしも実行されているわけではない。

ここでは，利用者が在宅から施設へ，もしくは施設から在宅へと移行することにより，①生活ニーズが連続する場合，②新たにニーズが生じる場合，③それまであったニーズが消滅する場合の3点に分けて説明してみる。

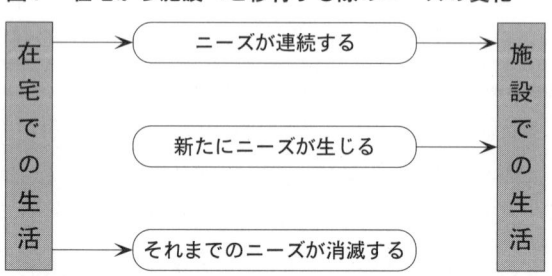

図7　在宅から施設へと移行する際のニーズの変化

在宅での生活　→　ニーズが連続する　→　施設での生活
　　　　　　　→　新たにニーズが生じる　→
　　　　　　　→　それまでのニーズが消滅する　→

※施設から在宅へと移行したときは，矢印の位置と方向が逆になる。

例えば，利用者が在宅から施設入所することによって，施設では環境が整備されているため，移動上の問題がニーズとしては消滅してしまうこともある。しかしながら，排泄や入浴のニーズは依然，継続して生じている。一方，施設に入所することにより，自宅にいれば生じない，家族介護者との交流に関わるニーズや，ひとり暮らしゆえに空き家となった自宅の管理をどうしていくのかといったニーズが新たに生じることもある。

同時に，利用者が施設から在宅に移行することにより，変わらない生活ニーズもあれば，また無くなったり，新たに発生するニーズも生じる。例えば，在宅では，施設とは異なり，利用者の社会環境は多様であり，在宅ゆえに浴室等の住環境設備が不十分なために，あるいは，介護者が病弱であるため，新たに「入浴ができない」といったニーズが生じてくる場合も多い。同時に，施設内では集団生活や他の人との同居に伴い生じていたニーズがあったとしても，それらのニーズは在宅では消滅することになる。例えば，同室者との意見が合わず，同じ居室にいたくないといったニーズはなくなることになる。

以上のような在宅と施設のケアプランでの生活ニーズの相違から理解できるように，利用者を施設と在宅で連続して支援していく際には，アセスメントでの連続的な対応に加えて，生活ニーズのズレや変化について利用者と解決方法を話し合うことで，在宅から施設へ，施設から在宅へ移行していくことができることになる。

2　在宅と施設のケアプランが起こってきた社会的背景の類似点と相違点

在宅の利用者であろうと，施設の利用者であろうと，ケアプラン作成・実施の目的は利用者の質の高い生活を支援していくことにある。その生活のとらえ方は両プランともに，利用者の身体機能状況，精神心理状況，社会環境状況の関係のなかでとらえるといったこと，あるいは，利用者とその環境との関係のなかで生じる障害としてとらえることでは，同じ考え方に基づいている。

一方，両者のケアプランの必要性が生じてきた社会的背景については，相違している。在宅のケアマネジメントは，高齢社会に伴い病院入院費や施設入所費の高騰といった社会的な背景のもとで，同時に，

入院患者や施設入所者が地域での生活を希求するなかで，また，脱病院化・脱施設化の流れのなかで，在宅のケアプランの作成・実施が求められてきた。すなわち，在宅のケアマネジメントは退院計画や退所計画といった意味合いをもっており，利用者が施設から在宅へ移行するための支援の必要性から生まれてきた側面が大きい。他方，施設のケアプランは，施設内の画一的なケアから，利用者の個別的な生活をどう実現していくのかといった意味合いで，その必要性が主張されてきた側面が強い。これらの背景的な観点では，両ケアプランは異なった歴史的経過をもっているといわざるを得ない。ただ，在宅と施設のいずれで利用者を支援しようが，利用者の質の高い生活を目指すためにケアプランを作成・実施していることを目的にしていることには変わりはない。

3　在宅と施設のケアプランの具体的な共通点

　在宅のケアプランも施設のケアプランも，その目的は利用者の生活を支援することであり，ケアプラン作成にあたっては，当然利用者の生活ニーズを明らかにし，そのニーズに基づいて問題の解決を図る「ニーズ優先アプローチ」が貫かれていなければならない。
　このことは，ケアプラン作成のなかでは，利用者と一緒にニーズを明らかにする作業が最も重要で最優先されなければならない仕事であることが共通している。さらに，そこでニーズを充足する方法としての社会資源であるが，施設のケアプランにおいては，往々にして施設内にある社会資源の活用が中心とされるが，施設においても施設外を含めた多様な社会資源を活用していくことであり，両方のケアプランに共通点を有している。この多様な社会資源のなかには，公的な保健・福祉サービスだけでなく，ボランティアやオンブズマンといったような社会資源の活用も考えられる。さらには，最も柔軟で有効なインフォーマルな社会資源である家族や親族も，社会資源として活用することになる。
　以上のようなことを考え，施設が自宅の居室の集合体であるといった発想をもつと，両者のケアプランは共通した社会資源を有しているといった考え方に近づいていけることになる。

4　在宅と施設のケアプランの具体的な相違点

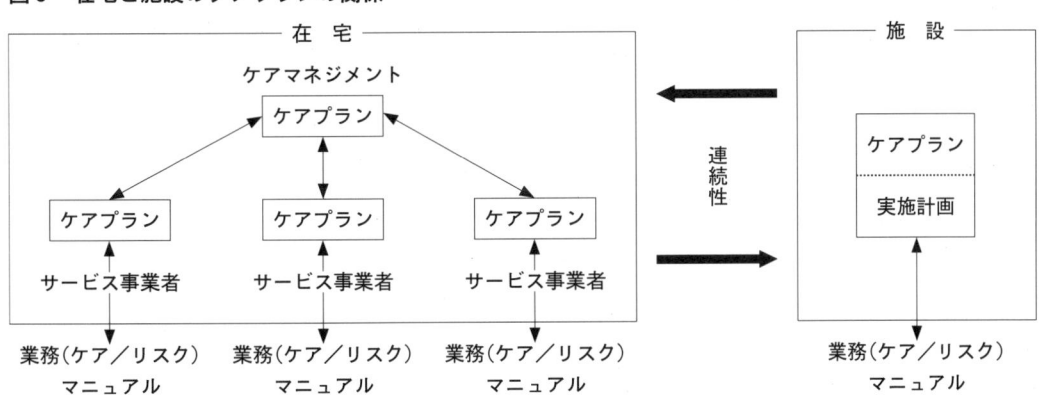

　在宅のケアマネジメントにおいては，ケアマネジャーが独自にケアプランを作成し，それに基づき，具体的なサービスを個々のサービス事業者に依頼することになる。すなわち，主として一人のケアマネジャーがアセスメントおよびケアプランの作成を実施していくことになる。

　ところが，施設のケアプランにおいては，一人のケアマネジャーたる者がすべてのアセスメントを実施し，ケアプランを作成・実施するということのほうが稀である。多くの場合，アセスメントおよびケアプランの作成において，職員のだれかが中心的な役割を担うとしても，他の職員とのチームアプローチのなかでアセスメントが実施され，ケアプランが作成され，またケアプランを実施していくことになる。そのため，アセスメントやケアプラン作成での担当者の位置づけが在宅のケアマネジメントと施設のケアプランとで大きく異なることになる。

　第二は，業務マニュアルについて大きな違いが生じる。在宅のケアマネジメントと施設のケアプランの枠組みの概略を図8にしてみた。在宅のケアマネジメントでは，プランは2段階に分かれる。前段のケアプランはケアマネジャーによるケアプランであり，後段は訪問介護，訪問看護，通所リハビリといった，個々のサービス事業者のプランであり，訪問介護では一般的に訪問介護計画と呼ばれている個別援

図8　在宅と施設のケアプランの関係

資料：『新版・社会福祉学習双書』編集委員会編『ケアマネジメント論』〈新版・社会福祉学習双書2002・17〉全国社会福祉協議会，193頁，2002年を一部改変

助計画のことである。

　他方，施設のケアプランは，在宅での2段階の要素を一つのケアプランのなかに包摂していることになる。こうした違いが生じるのは，在宅では多くのサービス事業者がケアプラン内容に関与しており，個々の事業者が各サービスごとの個別援助計画を作成し，実施しているためである。ところが，施設のケアプランは組織内でケアプランが作成され，かつほとんどのケアプラン内容が施設内職員で分担することになっている。この意味では，施設でケアを提供するにあたって，リスクやケアの業務マニュアルが不可欠であるが，在宅においては個々のサービス事業者ごとにリスクやケアの業務マニュアルが準備されることになる。ここにも，在宅のケアマネジメントと施設のケアプランには大きな違いが生じている。

第 3 章

ケアプランの作成手順

1 ケアプラン作成・実施の基本的な過程

　ケアプラン作成・実施の基本的な過程は，図1のようになる。まずは，この図1の概略を示してみる。

　第1段階は「導入」である。これは施設入所時点で対応する内容であり，ケアプランの内容を含めた，施設入所の契約を締結することである。

　第2段階は「アセスメント」といい，利用者についてのさまざまな情報を収集し，利用者の生活の全体像をとらえ，施設生活をしていくうえでの問題点を把握することである。

　第3段階は「支援目標の設定」。利用者が施設のなかでどのような生活をしていくのかといった大きな目標を設定することである。

　第4段階は，利用者が施設生活をしていくうえでの課題や困りごと（生活ニーズ）を明らかにする「生活ニーズの明確化」にある。この

図1　ケアプラン作成・実施の基本的な過程

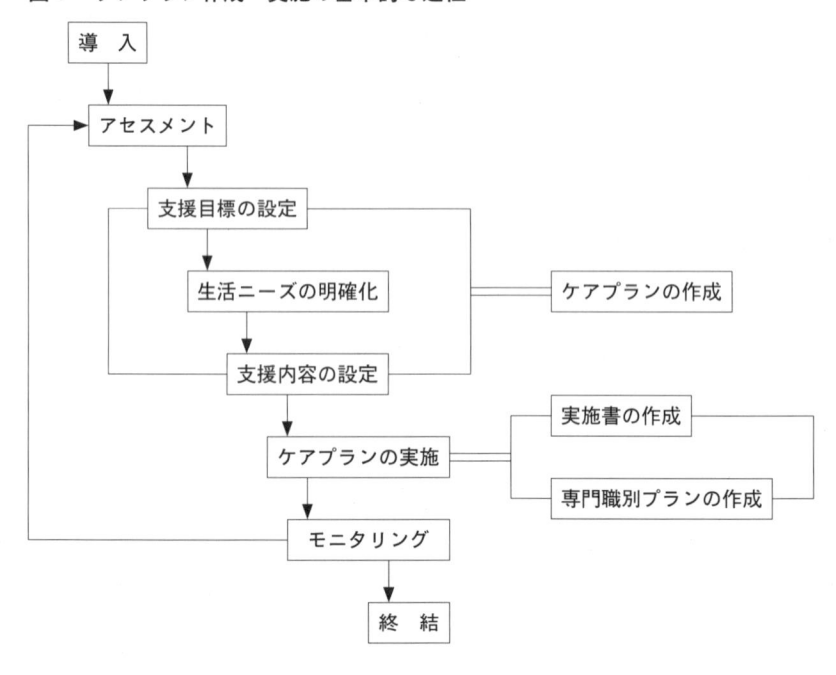

```
        導　入
          ↓
    ┌→ アセスメント
    │     ↓
    │  支援目標の設定
    │     ↓
    │  生活ニーズの明確化 ──── ケアプランの作成
    │     ↓
    │  支援内容の設定
    │     ↓                   ┌── 実施書の作成
    │  ケアプランの実施 ───────┤
    │     ↓                   └── 専門職別プランの作成
    └─ モニタリング
          ↓
        終　結
```

生活ニーズは施設で生活していく際に一つだけでなく，一般には複数のニーズがある。なお，そこで明らかになったそれぞれのニーズについて，解決目標を設定することも「生活ニーズの明確化」には含まれる。

第5段階は，明らかになった生活ニーズに対応して，必要な社会資源と結びつけていく「支援内容の設定」である。この社会資源とは，当然のことであるが，施設内の職員が中心となるが，それらがそれぞれどのような役割を果たすかの内容が示される。

以上の，第3段階から第5段階までをもって，「ケアプランの作成」段階と位置づけることができる。

第6段階は，二つの側面を介した「ケアプランの実施」段階である。円滑にケアプランを実施するために，一つは，作成したケアプランについて，具体的にどのように実施していくのかをチャート等を活用しながら実施書を作成する。この実施書により，職員が日々のケアを実施する際に，一見してその内容が明らかとなり，即応できることになる。もう一つは，施設内に配属されている個々の専門職が，専門職別にどのような業務をケアプランに合わせて実施していくのかを明記した専門職別プランを作成する。この実施書と専門職別プランは，ケアプランの内容を再整理したものに過ぎないが，これによって，ケアプランは円滑に実施されることになる。

次の第7段階は，「モニタリング」の段階であり，実施しているケアプランが適切であるかどうかを確認・評価することで，ケアプランの見直しをする契機となるものである。このモニタリングは，定期的に時期を決めて実施したり，あるいはケアワーカー等の日誌に基づいて行われる場合もある。さらには，利用者自らの発言や表情，ケアワーカーや他の専門職の発言から，モニタリングを実施することもある。

なお，施設入所当初は，利用者も自らの意向を十分表明できなかったり，職員側も利用者の身体的・心理的な状態を十分理解できていないということがある。そのため，入所当初のモニタリングは頻繁に行われる必要がある。

このように，施設ケアプランは，アセスメント，ケアプランの作成，ケアプランの実施を循環していくことになる。さらに，施設内で利用者が死を迎えたり，退所した場合には，ケアプランは終結する。また，利用者の病院入院などで中断する場合もある。

図2　ケアマネジメントの過程

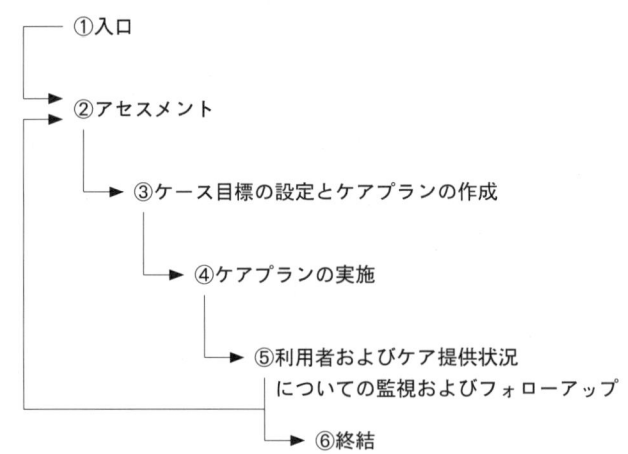

```
┌─ ①入口
│
└→ ②アセスメント
    │
    └─→ ③ケース目標の設定とケアプランの作成
        │
        └─→ ④ケアプランの実施
            │
            └─→ ⑤利用者およびケア提供状況
                についての監視およびフォローアップ
                └─→ ⑥終結
```

資料：白澤政和『ケースマネージメントの理論と実際―生活を支える援助システム―』
中央法規出版，17頁，1992年を一部修正

　この施設ケアプラン作成・実施の過程は，在宅のケアマネジメント過程と基本的には同じである。すなわち，両者とも＜plan→do→see＞という流れであり，専門職が計画的に支援をしていく枠組みとして共通している。さらに，施設ケアプランの過程には，在宅のケアマネジメント同様，一つの重要な原則がある。それは，この過程が利用者との共同作業のもとで進められることである。具体的には，利用者がケアプラン作成の全過程に参加し，利用者と施設職員で確認し合いながら，合意をとっていくことである。これにより，作成したケアプランは円滑に実行されていくことになる。

2 ケアプラン作成の基本的な手順

1 導入部分

　導入部分は一般にエントリーと呼ばれることがある。これは，利用者が施設入所を希望する，場合によっては本人が希望はしないが家族が希望するというかたちで，施設側が利用者と最初の接触をする場面である。
　その際には，本人の施設利用に対する意向を確認することになる。また同時に，施設側がどのような支援を実施していくのかといった説明を詳しく，かつ，わかりやすくしなければならない。
　この段階は，施設側が施設入所に関する重要事項を説明して，施設側と利用者側の両者が施設入所するかどうかの合意に基づき，契約を行う段階である。しかしながら，原則としては，後から説明する初動期のケアプランについても，この契約内容の一部として含まれることになる。

2 アセスメント

　ケアプランを作成するにあたっては，利用者の生活全体を包括的にとらえ，問題状況を把握することが必要である。そのためには，今まで開発されてきたアセスメント用紙を活用することにより，利用者の全体像をつかむことが有効である。
　このアセスメント段階では，アセスメント用紙をもとに，利用者の身体機能状況，精神心理状況，社会環境状況が把握されなければならない。施設での個々の生活領域に関する利用者の意向である入浴についていえば，例えば，身体機能状況とは，「入浴でどのようなことが

できるのか」という能力，精神心理状況では，「どのような入浴をしたいのか」といった意向についての項目も挙げられる。アセスメント用紙には，こうした項目が含まれていることが望ましい。さらには，利用者の能力や意向のほかに，アセスメント実施者が入浴について気になることや気づいたことを自由に記入できると，より利用者の生活ニーズがつかみやすい。

3 アセスメント用紙の限界とその他の問題状況の把握方法

　アセスメント用紙については，利用者の身体機能状況，精神心理状況，社会環境状況がフォーマット化された項目として網羅されているのが通常であるが，必ずしも本人からのアセスメント情報で事足りるわけではない。アセスメント用紙だけでは利用者の問題状況が把握できない場合もある。あるいは，生活ニーズに関連する諸要因の把握が困難な場合がある。

　そうした際には，二次的アセスメントとして，家族や施設内外の他の専門職等から情報を収集することが必要である。モニタリングでは，日々のケアワーカーが記録した日誌の内容を活用し，そこから情報を得ることもある。

　一方，施設のケアプランにおいては，在宅のケアマネジメントとは異なり，社会環境状況の一部は所与のもので全利用者が同じであるため，アセスメント項目として尋ねられることはない。具体的には，施設の物的な環境である風呂場，廊下，居室，居室の中のクローゼット，ベッドの状況等が挙げられる。

　さらには，職員との対人環境についても所与の環境として位置づけられる。例えば，夜間の見守りの回数，おむつの替え方とその頻度，あるいは職員の日々のローテーションといったことが考えられる。また，第三の所与の環境としては，施設のケア環境がある。食事の介護，排泄の介護，入浴の介護をどのような方法で展開するのかといった環境がそれである。

　以上のような社会環境状況については，多くの場合，アセスメント項目として含まれていない。これが在宅のアセスメント用紙との大きな違いである。在宅のアセスメント用紙では，社会環境である介護者

がどういう状態か，物的な居住環境である居室や風呂場がどうなっているのか，あるいはどのような食事や入浴の世話をしているのかといった状況が当然個々の利用者により異なるため，アセスメント項目として盛り込まれる。しかし，施設ではそうしたことが一律であるため，アセスメント用紙には含まれない。

　介護保険の要介護者・要支援者に対応したアセスメント用紙として，施設の高齢者ケアの場面では次の二つの用紙が開発されている。一つは「MDS／RAPs[1]」であり，もう一つは「改訂 包括的自立支援プログラム[2]」である。また，障害者領域においては，全国身体障害者施設協議会が身体障害者療護施設の利用者に向けてアセスメント用紙[3]の開発を行っている。

　これら三つのアセスメント用紙を比較してみると，高齢者に関する二つの用紙には，利用者の意向を聞き取る項目が少ない。さらには，意思表示ができない人に対して，アセスメント実施者がその意向を感じ，書き留める部分が弱い。その分，本人の身体機能状況についてのアセスメント項目は詳細になっている。

　一方，障害者のアセスメント用紙は，生活全般についての状態は把握しやすい反面，身体機能状況のアセスメント項目が薄くなっている。この障害者のアセスメント用紙については，筆者もかかわり考案してきたが，基本的には表1のように，利用者の状況を「生活環境」「健康」「日常生活活動」「コミュニケーション」「社会生活技能」「社会参加・余暇活動」「家族とのつながり」の7領域に分け，アセスメントの視点を「利用者の現状」といった現実の状況，「利用者の希望やできること」「アセスメントをする者の気になることや気づいたこ

[1] John N. Morris・Katharine Murphy・Sue Nonemaker（池上直己監修）『MDS2.1 施設ケア アセスメントマニュアル』医学書院，1999年参照。

[2] 介護療養型医療施設連絡協議会・全国老人福祉施設協議会・全国老人保健施設協会編『改訂 包括的自立支援プログラム―介護サービス計画作成マニュアル―』全国社会福祉協議会，1999年参照。

[3] 全国身体障害者施設協議会編集『施設のケアプラン―身体障害者療護施設の個別生活支援計画をもとに―』全国社会福祉協議会，2001年参照。

表1　障害者のアセスメント構造

領域＼視点	利用者の現状	利用者の希望やできること	アセスメントをする者の気になることや気づいたこと
生活環境			
健康			
日常生活活動			
コミュニケーション			
社会生活技能			
社会参加・余暇活動			
家族とのつながり			

と」の三つに分けている。これら7領域と三つの視点で，21の内容について明らかにするアセスメント構造をとっている。

　ただ，いずれのアセスメント用紙を活用しても，必ずしもその人の生活の全体像が完全にとらえられるわけではなく，利用者の生活の概括をつかむにすぎない。生活が完全に把握できるアセスメント用紙というものは，どこを探しても存在しない。同時に，それぞれのアセスメント用紙にはそれぞれの特徴があり，よさや問題点を有している。いずれのアセスメント用紙を活用するにしても，アセスメント実施者は，それぞれの用紙のどこが弱いかを自覚し，その部分を自由記述的に記入していくといった発想をもつことが必要である。

4　支援目標の設定

　支援目標の設定は，「施設のなかでどのような生活をしたいのか」といった本人の大きな生活目標を設定することである。この大きな生活目標の設定は，入所当初の段階においては，おそらく利用者は施設そのもののイメージがつかめず，必ずしも明確に表現できるものではない。同時に，施設職員との信頼関係が必ずしも確立していないこともあり，自らの思いを率直に表現することも難しい。そのため，支援目標の設定に際しては，できる限り時間をかけて，頻繁に利用者から話を聞くといった姿勢が必要である。とりわけ，施設の入所当初時点では，ときには，「棄てられた」「自身への尊厳を放り出す」といった心境で入所してくる場合もあり，施設生活そのものへの不安が大きい。そのため，時間をかけて，利用者の思いに耳を傾けて聞くことが重要である。

　ここで設定された支援目標は，施設職員全体による共通した目標となる。ただ単にアセスメント実施者だけでなく，利用者本人も含めて，職員全体がこの支援目標に向かって利用者を支援していくことになる。その意味で支援目標は，本人や職員にとって，施設で支援していくうえでの「旗印」といった意味合いをもっている。この旗のもとで，利用者が施設で生活していくことを支援することになる。

5　生活ニーズをいかにつかむか

　生活ニーズについてはすでに言及をしてきたとおりであり，本人の身体機能状況，精神心理状況，社会環境状況の関係のなかで生じていることが，第一のポイントである。また，専門職側のニーズと本人のニーズをいかに合致させていくかが，第二のポイントである。両者のニーズが一致しない場合には，ときには，入所契約が破棄されることもあり得る。

　なお，生活ニーズとは，「○○で困っている」という状況が生じ，その次に，そうした状況に対してどのような方向や目的で解決をしていくのかという二つの側面から成り立っている。それを図にすると，図4のようになる。

図3　リアル（真の）ニーズの形成

資料：白澤政和編著『改訂 介護支援専門員実践テキストブック』中央法規出版，21頁，2000年

図4　生活ニーズの成り立ち

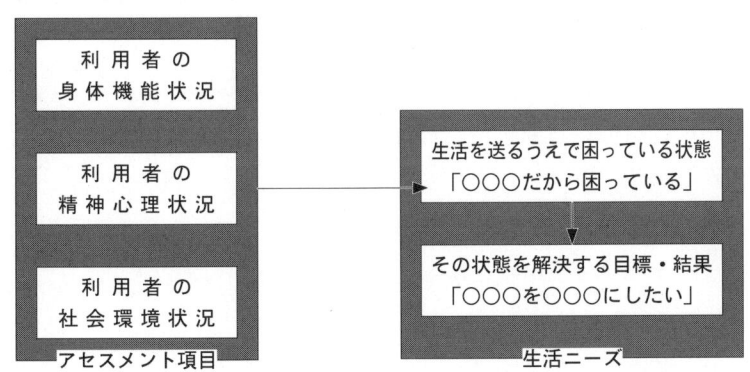

資料：白澤政和編著『改訂 介護支援専門員実践テキストブック』中央法規出版，16頁，2000年

6　生活ニーズに合った社会資源との結びつけ

　明らかにされた生活ニーズを充足するために，職員間で役割分担をもつことが大切になる。例えば，「これはケアワーカーが実施すること」「これは生活相談員が実施すること」「これは栄養士が実施すること」「これは看護師が実施すること」というように役割が整理される。

　同時に，あるニーズについてはすべての専門職が対応するなど，専門職に分化せずにかかわる場合もある。その際には，ニーズに対応してそれぞれの資源がどのようなケア内容を実施することができるかについて理解していなければならない。さらに，いくつかのニーズについては，どの時間帯に，どのような頻度で実施するかを計画することになる。

　また，施設職員外の資源を活用することによって，ニーズを解決していくこともある。このなかには，家族・親族であったり，ボランティア，オンブズマン，あるいは一般の企業サービス，さらには本人の能力や資産等の内的資源を活用するといったことも当然含まれる。

7　ケアプランから実施書，専門職別プランの作成

　作成されたケアプランには，支援目標，生活ニーズ，社会資源，支援内容，支援場所，支援時期等々が含まれており，ずいぶん詳細なものとなる。そのため，個々の職員が利用者との日常関係のなかで即応していく場合には，どのような支援をすればよいのかが，必ずしもケアプランを一見するだけでは把握できない場合も考えられる。そこで，毎日の仕事開始時点で，業務内容を確認するためには，チャート的に，「この人には，こういう援助が個別的に必要」といった内容が明らかにされている簡略化した実施書が必要不可欠になる。

　日々の実践で即応していくなかでは，そうした用紙を活用していくことが大切である。そして，なぜそうしたケアをするのかを確認する際には，ケアプラン用紙に戻っていくといった作業を繰り返していくことになる。

　一方，個々の専門職別プランとは，ケアプランをもとにそれぞれの専門職集団がどのような役割を果たしていくのかを整理したものであ

る。これによって専門職集団が日々実践していることを確認でき、さらには専門職として実施していることの事後的な評価をしていくうえで重要となる。

　なお、ここでは、実施書の一例を紹介しておきたいと思うが、図5は、身体障害者療護施設で活用している実施書である。

8　ケアプランにより施設の業務内容が変化する

　ケアプランが作成されることにより、施設の業務内容に変化をきたすことがある。例えば、次のようなケースが考えられる。

【事例①】

> [施設の業務内容]
> 　夜間、定時に利用者のおむつを交換する。
> 　　↓
> [Aさんのケアプラン]
> 　夜間頻尿であり、随時おむつを交換する。

【事例②】

> [施設の業務内容]
> 　週2回、入浴を行う。
> 　　↓
> [Bさんのケアプラン]
> 　汗を多くかくため、週2回の入浴に加え、週1回全身清拭を行う。

　前記の2事例は、それぞれ、一個人に対する業務内容の変更といったケースである。一方、このような業務内容を通じて、AさんやBさんだけではなく、すべての利用者の課題として夜間のおむつ交換が掲げられ、随時これを実施していくといった方針に変わったり、さらには、利用者全員に対して入浴以外に清拭も追加するといった業務内容に、施設全体が変わっていくことが考えられる。

　ひいては、このような変化に伴い、施設の業務マニュアルが変化していくことになる。すなわち、夜間おむつ交換の業務マニュアルが変

図5 身体障害者療護施設における実施書

生活支援実施書

利用者氏名 [○○○○○]　　　　　　　　　　　　　　　　担当者氏名 [△△△△△]　平成　年　月　日

医療・看護
（方法・留意点）
本人の訴えを聞き、説明や対応等を速やかにする。
排便困難、排便後の倦怠感を訴えたときは様子を観察し、ベッド下降をますめ入れ変化をもたらせる。

視覚・聴覚
（方法・留意点）
軽度の乱視。

社会生活技能
（方法・留意点）
本人の望む情報を提供する。

更衣
（方法・留意点）
衣服購入時に更衣しやすい衣服のアドバイスをする。
本人が不調を訴えるときは迅速やかに小助する。
更衣中、安全確認の声掛けをする。

精神的支援
（方法・留意点）
本人から訴えや相談があれば随時対応する。

コミュニケーション
（方法・留意点）

身体的状況

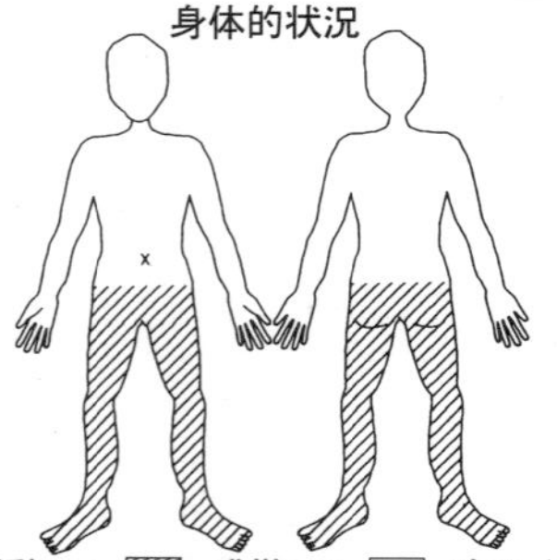

運動マヒ▨　感覚マヒ▩　痛み★

排泄
（方法・留意点）
ベッドの上で排泄（尿・便）、トイレでの排尿の後始末は小助する。

食事
（方法・留意点）
本人の嗜好の把握、選択食、外送食を取り入れ変化をもたらせる。

移乗・移動
（方法・留意点）
移乗のとき、安全のための見守りをする。

入浴
（方法・留意点）
狭い浴槽に不安をもっているので、安心できるよう声かけや身体を支える等の支援を実施する。

摂食
（方法・留意点）
盆の片方に食器を寄せ、取りやすくする。
熱いつけ物は少し冷めてから手元に渡す。

その他
自尊心を損なわないよう注意する。
訓練でいつかの目的の明確なプログラムを開始する。体調等に気をつけ無理のないようにする。
靴の着脱は小助する。

補装具・日常生活用具
（方法・留意点）

資料：全国身体障害者施設協議会編『施設のケアプラン─身体障害者療護施設の個別支援計画をもとに─』全国社会福祉協議会、127頁、2001年

化したり，入浴に関する業務マニュアルが変化することになる。さらにその結果，その後のケアプラン作成においては，夜間随時のおむつ交換に関するケアプランや，入浴回数を増やしてほしいといったニーズのケアプランは，当該施設ではなくなることになり，これらのサービス内容はすべての利用者に，業務マニュアルに基づき実施されることになる。

　こうした変化をきたすためには，施設内における職員間のカンファレンスが重要な役割を果たす。

3 だれがケアプランを作成するのか

1 在宅と施設とで介護支援専門員が行うことの比較

　介護保険制度では，在宅支援の場合，一人の介護支援専門員がケアマネジメントにおけるアセスメントを実施し，ケアプランを作成する。ただし，ときにはアセスメントの一部を他の専門職に依頼したり，サービス担当者会議のなかでケアプランに関する合意を得ていくといったかたちで，他の専門職がかかわることになる。

　しかしながら，施設のケアプランにおいては，在宅に比べると，介護支援専門員が一人で行うというよりも，介護支援専門員を中心に施設職員がチームでアセスメントおよびケアプランの作成を行うといった度合いが強い。なぜなら，施設では実務にかかわるさまざまな専門職が施設内に存在しており，共通した支援目標のもとでチームで役割分担を果たし得るからである。

　また，ケアプランのなかで個々の職員が利用者に直接どのようにかかわるかを明示することになり，一人の職員が決定できることではなく，利用者にかかわるメンバー全員が参加して合意していくことが必要である。

　そのため，施設のケアプランは，在宅のように一人の介護支援専門員が作成し，各サービス事業者にサービス内容・回数・時間帯等について依頼するといった形態をとらない。施設では，介護支援専門員が中心になり，自ら以外の他職員のアセスメント結果も収集・整理し，ケアプランも多くの職員の意見をまとめながら作成していくことになる。

　いずれのケアプランについても，チームアプローチが重要である。在宅におけるチームアプローチはケアプラン実施段階が中心であるが，施設の場合は，実施段階だけでなく，アセスメントやケアプラン作成段階でもより強く求められるといえる。

表2　施設と在宅における介護支援専門員の役割の比較

	施　設	在　宅
アセスメント	介護支援専門員を中心に施設職員がチームで行う	介護支援専門員が中核を果たす（一部を他の専門職に依頼）
ケアプランの作成	介護支援専門員を中心に施設職員がチームで行う	介護支援専門員が原案を作成し，サービス担当者会議で合意を得る
ケアプランの実施	施設内の役割分担のもとに各専門職がチームで行う	介護支援専門員が各サービス事業者に依頼のうえ，チームで行う
チームアプローチの要素	アセスメント，ケアプランの作成・実施の各段階で強く求められる	ケアプランの実施段階が中心

2　ケアプラン作成のためのチームアプローチの方法

　ここでは，施設のケアプランにおいてアセスメント段階，ケアプラン作成段階，ケアプラン実施段階の3段階に分けて，どのようにチームアプローチを展開するのかについて整理することとする。

　施設のケアプランにおけるアセスメント段階では，アセスメント実施者自体が情報を得ていくということに加え，施設内外の専門職から二次的な情報を得ることも必要である。同時に，ケアワーカー等が記録している日誌から本人の状況に関する情報を得ることも重要である。

　さらには，こうしたアセスメント実施者と，他の専門職と，日々かかわっているケアワーカー等が一緒にアセスメント内容を整理し合う機会も必要である。そういう機会をもつとすれば，それはカンファレンスに相当し，利用者の問題状況の把握を目的にしてカンファレンスを行うことになる。

　アセスメントは，利用者本人を最もよく知っている者が実施するというのが一般的な考え方である。その意味では，アセスメントの中心的な担い手は，その人のことを最もよく知っている人であり，多くの場合，担当ケアワーカーが実施することになる。この場合，単に質問するというだけでなく，その人の状況を観察し，その人の気持ちを理解しているがゆえに，アセスメント情報を多く得ており，円滑にアセスメントが実施できるというメリットがある。

しかしながら，日々接しているがゆえにたとえその人との信頼関係が深いとしても，利用者が必ずしも自らの思いを最もかかわりの深い人に話すとは限らない。ときには，あまり日々の接触がないからこそ表出される場合もある。例えば，食事の介護を直接受けているケアワーカーがアセスメントしている場合，食事介護にかかわるニーズについて利用者は話しにくいものである。その意味では，中心となるアセスメント実施者も必要であるが，それに付加してアセスメントする者も必要不可欠となる。

　第二のケアプランの作成段階は，そうしたアセスメントで集まった情報をもとに，支援目標，生活ニーズ，社会資源，支援内容等について検討・決定していくことになるが，これについてもアセスメント実施者が直接行うというよりも，日々利用者にかかわっているケアワーカー，看護師や医師，あるいは栄養士等が参加し，ケアプランを作成し，合意を得ていくことが必要である。ただし，その場合には，アセスメントを実施するときに中心となる人がいるように，中心となる役割をだれが担うのかは前もって決められている必要がある。

　具体的に，中心となる人の業務は，収集したアセスメント情報をもとに，ケアプランの原案を作成することである。さらに，それを検討するために，ケアプラン決定のカンファレンスに提案する役割がある。

　ケアプランの実施段階においては，それぞれの専門職がケアプラン内容について役割分担し，実施できる状態になっている以上，当然チームで展開をすることになる。実施段階でのチームアプローチは，それぞれの専門職が支援目標を共有化し，自らおよび他の専門職それぞれの役割なり，ケア内容なりを理解しながら，自らの役割を遂行していくことになる。

　以上のことから，介護支援専門員の役割を考えてみると，アセスメントやケアプラン作成段階において，中心的な役割を果たすことはあり得ても，在宅場面のようにアセスメントやケアプラン作成をほとんどすべて一人で実施することはなく，施設内で利用者にかかわる職員のチームを組織し，さまざまな専門職の意向を反映させながらケアプランを作成していくといった考え方が不可欠である。

3　施設入所時点でのケアプラン担当者

　施設入所時点では，利用者のことをよく知っている人はだれもいない。そのため，入所時点で窓口担当となっている職員が，利用者について最も把握できる立場にある。この場合には，利用者本人のほか，家族，入院していた病院等からの情報を得て，窓口担当職員がケアプランを作成することになる。その意味では，外部と接触している生活相談員や支援相談員といわれている人たちが，初動期のケアプランを作成するのには最適であるといえる。

　その際，本人の生活全体を十分に把握できていないといったことを考慮すれば，利用者の快適性や自立性といったことよりも，安全性といったことに重点をおき，リスクのない生活をまずは支援するということに眼目を置き，暫定的なケアプランを作成することになる。そのため，この段階でのケアプランは，必ずしも自立性や快適性を十分に含めたプランにはなっていないといえる。

　この段階のプランは，あくまでも，初動期の暫定的なケアプランということになる。したがって，入所初期時点では頻繁なモニタリングを実施するなかで，本人の身体機能状況，精神心理状況等について観察をしたり，あるいは利用者本人から話を聞くことによってアセスメントを深めていき，ケアプランを修正・発展させていく必要がある。

　特に利用者にとって，施設という世界は，在宅とは別世界であるといえる。その意味では，本人も施設に入所することによって生じる戸惑い，あるいは施設そのものについての理解が明確でないといったことも含め，混乱のなかで生活が始まることになる。したがって，本人の「施設のなかでどのような生活をしたいか」という意向を汲み取り，支援目標を設定し，的確なケアプランを作成するのには，相当時間がかかるものといえる。

4　レジデンシャル・ソーシャルワーカーとケアプランとの関係

　これまで，ケアプランを具体的にだれが作成するかについて言及してきたが，その基本は，責任をもつ中心となる職員をもとにしたチー

ムによって展開していくことを明らかにした。中心となる職員は，ときには生活相談員であり，ときにはケアワーカーであることが想定できる。そのため，生活相談員やケアワーカーは，ケアプランの作成に関する基本的な考え方や具体的な方法について習得していることが不可欠である。

さらに，レジデンシャル・ソーシャルワーカー[*4]と呼ばれる生活相談員は，ケアプラン作成とのかかわりにおいてどのような業務があるかを具体的に例示してみる。

① 入所時点でのアセスメントおよびリスク予防を中心とした暫定ケアプランの作成
② 入所時点での重要項目の説明を含めた入所の契約
③ 入所後の，個々の利用者への巡回や日常場面での会話・観察，ときには面接によるアセスメント（直接ケアにかかわらない者のアセスメントも重要）
④ 家族等，施設外の人々からのアセスメント情報の収集（その際には，利用者からの了解を得ておくことが原則）
⑤ アセスメント情報の整理やケアプラン作成のためのカンファレンスの準備
⑥ アセスメント情報の整理やケアプラン作成・修正のカンファレンスへの参加と運営
⑦ その他，管理職等のカンファレンスの手配・運営や資料準備

*4 レジデンシャル・ソーシャルワーカー（residential social worker）とは，社会福祉施設でのサービス利用者への援助において，施設の生活を通常の在宅での生活に近いものにすることを目的としたソーシャルワーカーのことである。通常は生活相談員や支援相談員がそれに相当する。

4 ケアプラン作成における留意点

1 施設職員には専門職としての価値観・知識・技術が前提

　ケアプランを作成するにあたっては，施設職員が利用者に対して人権・尊厳といった価値観をもってかかわらなければ，アセスメントだけでなく，的確なケアプランを作成し，実施することもできない。同時に，個々の専門職独自の専門的な知識や技術を有していなければ，ケアプランの作成・実施を円滑に進めることはできない。このように，ケアプラン作成・実施の前提には，職員が利用者に対する人権や尊厳といった価値観を有し，大きな土台が形成されており，その基礎として専門的知識・技術をもっていなければ，的確なケアプランの作成や実施ができない。

　一般にケアプランが作成されていれば質の高い利用者支援ができるかのように考えられがちであるが，そうしたケアプラン作成の前提となる職員の価値観の確立，および知識や技術の蓄積をいかに進めていくかといった課題が，施設全体として存在することを認識しておかな

図6　ケアプラン作成・実施のための前提条件

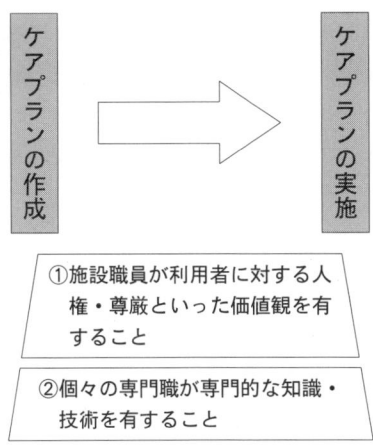

ケアプランの作成 → ケアプランの実施

①施設職員が利用者に対する人権・尊厳といった価値観を有すること

②個々の専門職が専門的な知識・技術を有すること

ければならない。

2 ケアプランは職員の仕事の一部である

　施設における職員の日々の仕事は，すべてケアプランに覆いつくされているわけではない。同時に，施設における日々の職員の仕事は，すべて利用者にとって個別的なケアをしているわけではない。逆に，日々の実践の大部分は，業務マニュアルに沿って行われている。そうした日々の業務マニュアルに基づく実践では対応できない個別的なニーズが明確化され，それに関する解決方法を記述したのがケアプランである。

　そのため，ケアプランは，利用者に対するケアの業務マニュアルと関連しており，これら両者に基づいて，施設では，利用者への日々のケアがなされていることになる。このことは，施設における業務は，基準的なかたちで実施されることが多く，そうした基準に合わない部分が個別的に対応されていることになる。

　逆にいえば，施設でのケア水準を高め，利用者が質の高い生活を確保するためには，この個別的なケアプランが利用者の意向に沿ったものでなければならない。と同時に，基準となるマニュアルが精緻され，質の高い生活を支援するマニュアルのもとで業務が実施されていることが条件となる。

3 ケアプランに利用者の強さを採り入れること

　多くのケアプランをみてみると，問題解決的な要素が強いといえる。つまり，「こういう○○で困っているので，○○○を目標にして支援する」といった考え方のなかで，困っていることの背景（身体機能状況，精神心理状況，社会環境状況などのマイナス的な状況が関連し合って，そうした問題が起こっている）をとらえがちである。

　しかしながら，実際の生活では，そうした利用者のマイナス的な側面と同時に，プラスの側面ももちながらニーズが生じている。そのプ

ラスの側面はストレングス（strength）という言葉で総称できるが，これは今まで述べてきた本人の意向を尊重するということでもある。本人の意向とは，具体的には，「○○してほしい」といった希望や好みであったり，「○○ができる」という能力や自信であったり，「○○をしてみたい」という願望であったりする。

　こうした意向をケアプランのなかの背景に採り入れることができれば，本人らしい問題解決が可能になってくる。同時に，本人の強さを尊重した，本人らしい生活が可能になってくる。ひいては，単にその強さはある問題の解決にとどまることなく，他の問題でも自分の力を発揮でき，問題解決能力を身につけていくことにもなる。例えば，「○○してほしい」といったことが他の領域でも出てきたり，「○○できる」ということが他の部分にも波及していくことになる。そうした結果，エンパワメント[*5]（empowerment）といわれる，自分で力をつけ，自分でさまざまな問題を解決していく力を利用者が身につけていくことになる。その意味で，ケアプランのなかに利用者のストレングスをどのように付加させていくのかといった発想がきわめて重要である。

*5 社会福祉援助活動（ソーシャルワーク）において，利用者，利用者集団，コミュニティなどが力（パワー）を自覚して行動できるような援助を行うこと。利用者などの主体性，人権等が脅かされている状態において，心理的，社会的に支援する過程をいう。1980年代以降，アメリカ，イギリスを中心に発展してきた手法であるが，現在では社会福祉援助活動の動向として根づいてきた。

4　実行できない生活ニーズへの具体的な対応

　ケアプラン作成のマニュアルでは，実行できないニーズは書いてはいけないとされている。確かに，そのこと自体は正解である。しかしながら，ここでは実行できないニーズについて，次の2点の側面から考えてみたい。

　第一の側面として，ケアプランを利用者側と施設側とが契約をするという観点からとらえてみる。この段階では，なぜそのニーズが実行できないのかを施設側が利用者に詳しく説明し，了解をとるプロセスが必要になる。そうした実行できないニーズについて，具体的に口頭でその理由を説明する場合もあるだろうし，文書でもって「こういうことでできない」と理由を説明し，了解をとる場合もある。

　契約という観点からすれば，口頭ではなく文書で了解を得るといったことが今後大きな比重を占めていくと考えられる。全国身体障害者療護施設協議会が作成した施設のケアプランのなかでは，実行できな

図7　実行できないニーズについて了解をとるための用紙

【支援計画に具体化されなかったニーズ】

生活全般の解決すべき課題(ニーズ)	課題(ニーズ)についての現状	具体化されなかった理由もしくは解決法
園内を，自分の行きたい所へ自由に移動したい。	車いすで移動するのは，バック操法であるが，視力・聴力・体力も機能低下してきているので，いろいろな物にぶつかって危険である。	本人の機能低下が著しく，体調も不安定なため，安全性を確保するのが困難。
訓練を積極的に行えない。	加齢と共に機能低下が著しいので，訓練を行い現状維持に努める必要がある。	加齢とともに機能低下が著しいので，できるだけ訓練を行い現状維持に努める必要があるが，体調の良いときがあまりなく，積極的な訓練が行えない。
できれば，以前のように，帰省や外泊したい。	県外の姉が亡くなり，実家の兄も入・退院を繰り返している。家の後をとった姪に負担が大きくかかっているように思われる。	姪が兄(父親)の世話をしており，県外の姉も亡くなったので，姪一人で本人を受け入れるには，負担が大きい。姪はできれば園で面倒をみてほしいと願っている。兄の病状が落ち着き，手伝ってくれる人があれば受け入れの可能性も考えられる。本人の情緒を安定できるような，精神的かかわりを心がけるようにする必要がある。

資料：全国身体障害者施設協議会編『施設のケアプラン―身体障害者療護施設の個別支援計画をもとに―』全国社会福祉協議会，159頁，2001年

いニーズについて利用者に説明し，了解をとるための用紙が添付されている。

次に，実行できないニーズこそが，今後の施設ケアのあり方を考えるうえでの宝になる，というのが第二の側面である。すなわち，実行できないニーズは，多くの場合，施設の機能や設備がそのニーズに応えられないことから生じているわけであり，施設の機能や設備をいかに充実していくのか，さらに職員の意識をどう変えていくのか，施設の理念をどう修正していくのかといったことが，この実行できないニーズのなかには潜んでいる。

そのため，実行できないニーズについて，職員全体のカンファレンスのなかで，なぜ当該施設では実行できないのかを話し合うことが重要である。このことによって，利用者のニーズから施設が変化していくといった過程をたどることが可能になる。その意味では，実行できないニーズを検討することなしに捨ててしまうという発想は，ドブに金貨を捨てるかのごとくである。実行できないニーズを大切にし，それを施設のあり方を見直す好機ととらえなければならない。

5　医療的ニーズは生活ニーズの一部

　一般に，施設においては，日常生活上の世話と医療的管理という二つの側面を分離して，施設機能のごとくに考えられている場合がある。この日常生活上の世話に関するニーズと医療的管理に関するニーズは，別個なものとしてとらえるというよりも，両者ともに生活ニーズを構成するものとしてとらえられるべきである。さらにいえば，日常的な世話や医療的な管理に加え，生きがいへの対応等々が，利用者の生活を構成する要素には当然含まれてくる。その意味で，生活ニーズというのはきわめて広い概念である。ここでは，生活ニーズの一部に医療的ニーズが含まれることを，事例を介して考えてみたいと思う。

【事例①】

- Aさんには糖尿病がある。――――――――身体機能状況
- Aさんは病識が薄い。――――――――――精神心理状況
- Aさんには食後の投薬管理が必要である。――社会環境状況

　以上のような，Aさんの身体機能・精神心理・社会環境状況のもとで，「投薬の管理ができていない」といったニーズが生じる。そうした意味で，これは生活ニーズのなかに医療的ニーズが当然含まれているといえる。

　生活ニーズとしては，Aさんは「糖尿病があるが，病識が薄く，投薬が必要であるが，投薬の管理ができていない」と表すことができ

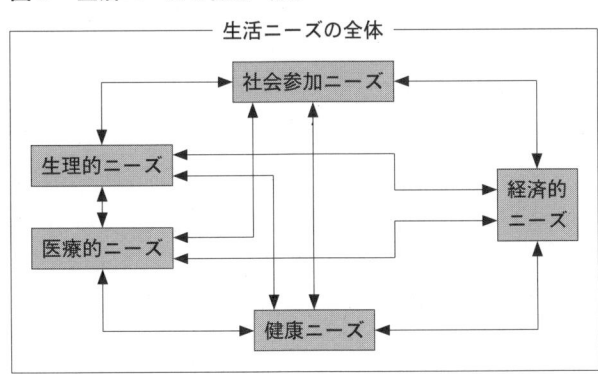

図8　生活ニーズの概念（例）

る。その解決方法は、医師による診察や治療、看護師による投薬管理、ケアワーカーによる投薬介助があり、また、生活相談員等による病識を高める指導も考えられる。

その意味で、日常生活上の世話と医療的管理を分離するのではなく、統合することが大切であり、利用者の生活全体のなかでニーズをとらえていくことが必要である。

6　ケアプランがもつ治療的意味

ケアプランの作成は利用者の生活の質を変えていくものであり、その機能としては、利用者の生活問題を解決したり、緩和するだけではない。すでに述べてきたように、社会環境を修正していく機能もあれば、利用者自身の心身状況の治療・改善を図る機能もある。

後者の機能について考えてみると、徘徊や暴力行為といった痴呆性高齢者の周辺症状は、ケアプランのもとで問題の解決なり、緩和に向かっていくことができる。痴呆性高齢者の徘徊や暴力行為には、本人にとってはそれなりの意味合いがある場合が多い。そのときに、その意味合いをケアプランのなかで位置づけることによって、徘徊や暴力行為がやわらいだり、減少していくことが考えられる。例えば、次のような事例から考えてみよう。

【事例②】

- Bさんには暴力行為がみられる。
　　——身体的要因
- 他の利用者が怪我をする恐れがある。
　　——環境的要因

本事例において、ケアワーカーがBさんとのかかわりを深めていくなかで、Bさんの心理的状態として、①「失禁に伴う不潔状態になると、暴力をふるいがちとなる」ということをとらえたり、あるいは、②「夜間寝られなかった日には、暴力をふるうことが多い」ということをとらえたとする。

①の心理的状態であれば、他の利用者の安全を守るために、職員や

他の利用者がBさんに急に近づかない配慮をすることに加えて，失禁しないよう時間を決めてトイレ誘導することによって，暴力行為が少なくなる，あるいはやわらぐことが考えられる。

②であれば，夜間寝られる環境を利用者と一緒につくるために，昼間のアクティブな活動を積極的に採り入れることによって夜間の就寝の確保を図り，暴力行為を減らすといった治療的な機能をケアプランのなかで実行することも可能になる。

このように，利用者に寄り添い，利用者からのサインをキャッチして，周辺症状を意味づけをすることにより，痴呆性高齢者へのケアプランは，単に生活ニーズを解決するために職員間で役割を分担し合うといったコーディネート機能や社会環境改善機能を超え，利用者の治療的な機能も含むことになることを理解しておかなければならない。

7　具体的な外部資源活用の意味

生活ニーズに合わせた社会資源の選択において，外部資源の活用は重要である。例えば，徘徊をする利用者のCさんがいたとする。ケアワーカーがCさんとかかわるなかで，「子どもに会いたいときに徘徊をする」といったことが明らかになったとしよう。

そのときに，単に徘徊を見守るという職員の行動だけでなく，徘徊時に子どもとの連絡をとっておき，電話で本人と子どもが話をする時間をとることをケアプランに含めることで，Cさんの夕食時の落ち着きを戻すことが可能になった。そういった利用者の子どもを利用者の精神的な安定のために活用することも，外部資源活用方法の一つである。

往々にして私たちは，施設のなかでなんとか問題の解決を図ろうとするが，一人ひとりの利用者が居室にいることを自宅にいることと置き換えた場合，外部資源を活用するといった発想が容易になってくる。その意味では，それぞれの利用者の居室は自宅だといった発想をもつことが，外部資源の活用を促進していく近道であるといえる。

5 ケアプラン作成の手順例

　ここでは，具体的にどのようなアセスメント状況から生活ニーズが導き出され，必要なサービスへとつなげられるかを四つの事例を図示することで考えてみたい。

　なお，その際に生活ニーズは本人の身体機能状況，精神心理状況，社会環境状況のなかから導き出されていることを理解しなければならない。同時に，そうした生活ニーズに基づき，利用者の自立性・安全性・快適性を目指すといったかたちで支援目標が設定されることになる。さらには，サービス内容の決定も同じように，自立性や安全性や快適性という観点で設定されることになる。

　また，以下の事例では示していないが，当然のこととして，ケアプランの内容およびその作成過程すべてにおいて，利用者参加・参画のもとで，あるいは利用者主導のもとに進められていることも理解しておかなければならない。

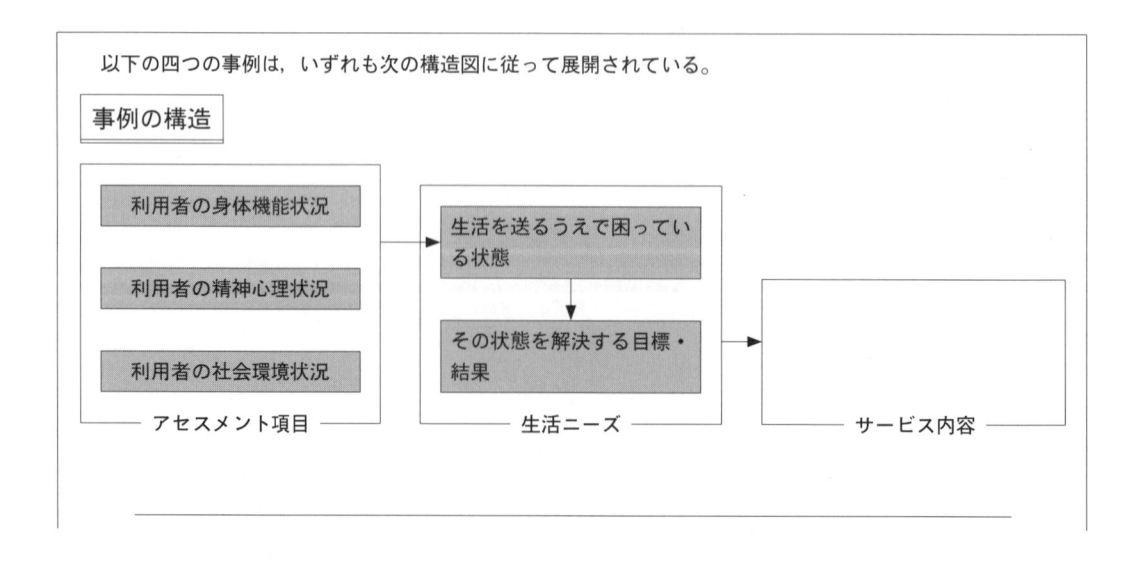

以下の四つの事例は，いずれも次の構造図に従って展開されている。

事例の構造

アセスメント項目	生活ニーズ	サービス内容
利用者の身体機能状況 利用者の精神心理状況 利用者の社会環境状況	生活を送るうえで困っている状態 ↓ その状態を解決する目標・結果	

事例①

アセスメント項目
- 気管支拡張症がある
- 風邪をひくことが心配である
- 4人部屋で人と接する頻度が多い
- 浴室と脱衣場に温度差がある場合がある

生活ニーズ
- 風邪をひかないようにしたい
- 風邪を予防する

サービス内容
- 入浴時に浴室と脱衣場との温度差チェックを行う
- 将来的には個室利用を検討する

事例②

アセスメント項目
- 立位と座位に一部介助が必要である
- 入所後は生活のハリがなく,人と顔を合わせたくない
- 以前は俳句の趣味があった
- 原則として,入所者は離床をさせることになっている

生活ニーズ
- 離床ができないで困っている
- 離床への意識を高める

サービス内容
- 本人の意向を聴くことに努める
- 趣味活動への参加を呼びかける

事例③

アセスメント項目
- 着脱,洗身・洗髪に一部介助が必要である
- きれい好きで,毎日でも入浴したい
- 入浴は週2回と限られている

生活ニーズ
- 入浴の回数が少ないので困る
- 保清に努める

サービス内容
- 入浴日以外は就寝前に清拭を行う
- 将来的には希望者に対し入浴回数を週3回とする

事例④

アセスメント項目	生活ニーズ	サービス内容
右片麻痺である きちんと荷物を片付けたい ・入所時に持ってきた荷物が多い ・クローゼットが狭い	荷物が整理できないで困っている 《短期》日々必要なものと，そうでないものを分けたい 《長期》別のクローゼットを設置したい	・日々必要としないものを倉庫に預かり，必要時に出し入れする ・家具屋に別のクローゼットを注文し購入してもらう

第 4 章

ケアプラン作成の実際

前章までで，施設のケアプランの特徴や枠組み，さらには，ケアプランの作成手順について説明してきた。本章では，これまでに明らかにしてきたことを，具体的なケアプラン事例に基づいて説明していきたい。

　事例1は，人と環境との関係のなかで，あるいは，本人の身体機能状況，精神心理状況，社会環境状況の関連のなかでニーズが生じていることを明らかにした事例である。いわばこの事例は，利用者の生活ニーズをとらえることも含めた，ベーシックな事例と考えることができる。

　そのうえで，**事例2**から**事例6**までを応用編と位置づけ，ケアプラン作成の方法をより詳細に提示することとしたい。

　事例2では，医療ニーズの強い利用者を中心に据えたうえで，医療ニーズを生活ニーズの一部として的確にとらえることの重要性を明らかにする。

　事例3は，利用者本人のもっているストレングス（強さ＝能力，好み，意欲，願望など）をケアプランに採り入れることで，個々の利用者にとってより利用者本位となるケアプランの作成を提示するものである。

　事例4は，痴呆性高齢者に対するケアプランである。問題行動や周辺症状がみられる利用者であっても，本人の思いや気持ちに寄り添い，理解することにより，そうした問題行動等がみられなくなったり，ときには和らいでいくといったことを，事例を通じて考えてみたい。

　事例5は，充足できないニーズをカンファレンスにおいて議論することにより，職員のあり方が見いだされたり，施設内の新たな仕組みがつくり上げられていった事例である。

　また，施設のケアプランで利用する社会資源は，施設内サービスに限られる場合が多いが，必ずしもそれだけではなく，地域社会に存在する多様な社会資源を活用することが大切である。事例⑥はそれを具現化したものである。この事例を通じ，施設を在宅のようにとらえることができれば，施設内のサービスのみではなく，施設外の多様な社会資源も活用することにより，施設内における質の高い生活の確保が可能になることを理解できるであろう。

　以上，**事例1～事例6**をもとに，ケアプラン作成のあり方について理解を深めることにしたい。

事例1 基本的なニーズのとらえ方

事例概要

本事例は，ひとり暮らしで親しい知人もなく生活していたKさんが，老人性痴呆により障害が進行してきたため，近隣から施設入所を強く要望され，短期入所生活介護の利用から入所に至ったケースである。Kさんは自宅での生活を強く要望したが，道に迷う，火の始末が悪い，近隣宅へ食事を要求するなどの行為が頻繁となり，近隣の苦情に押されたかたちで入所。不安，不満，怒りなど精神心理的な課題を強くもっている事例である。

身体状況

- 利用者 ──────── Kさん，83歳，男性
- 要介護度 ─────── 要介護1
- 日常生活自立度[*1] ─── J 2[*2]
- 痴呆性老人日常生活自立度[*3] ── Ⅲ a[*4]
- 現病歴 ──────── 末梢神経障害，老人性痴呆，骨粗鬆症，パーキンソン病の疑い，腹部大動脈瘤
- 服用薬剤 ─────── レボトミン，メレリル，アキネトン，レンドルミン等，向精神薬やパーキンソン病治療剤の投与（投与後の効果をきわめて詳細に観察し，投与量を調節することが条件づけられている）

生活の経過等

S県で出生，結婚式場で働いていたらしい。親しい人もいない。近所の住民から「ひとり暮らしで，呆けているので放っておけない人がいる」と福祉事務所に連絡されたことから，権利擁護センター，在宅介護支援センター等がサービスを調整し，配食サービス，通所介護等を開始するが，遠方まで出かけて帰れなくなり警察に保護されるなど

[*1] 平成3（1991）年10月に公表された「障害老人の日常生活自立度（寝たきり度）判定基準」に基づいたランクを表示することとする。

[*2] 何らかの障害等を有するが，日常生活はほぼ自立しており独立で外出する（隣近所へなら外出する）。

[*3] 平成5（1993）年10月に公表された「痴呆性老人の日常生活自立度判定基準」に基づいたランクを表示することとする。

[*4] 日常生活に支障を来すような症状・行動や意志疎通の困難さがときどき見られ，介護を必要とする（日中を中心としてこの状態がみられる）。

の状況であった。数か月後，住民の強い要請で，措置入所の検討も福祉事務所と行ったが，根気強く本人を説得し，しぶしぶではあったが本人の了解を得て介護老人福祉施設入所となった。

施設内ケアの概要

　正月直前の平成13年12月末から短期入所生活介護を利用開始。地域住民からの苦情に対応することになるが，福祉事務所や権利擁護委員，民生委員らの施設入所の意向が強かったことと，担当ケアマネジャーも居宅サービスの調整のみでは在宅生活が無理と判断したためである。短期入所生活介護の利用は年が明けた平成14年1月初旬までで，それ以後は介護老人福祉施設入所か精神病院への入院かが検討されることになっていた。最終的には介護老人福祉施設に入所することとなったが，Kさんはともかく自分の家での生活を望んでいたため，正月の間，配食サービスがとぎれるという理由を納得されて，短期入所生活介護の利用となった。

　しかし，正月が明け，それでも帰れないと思いはじめた頃から，大声でスタッフを呼んだり，ドアをたたく行為が増えていった。痴呆の中核的な症状としては，記銘力の障害，場所の見当識障害などが顕著である。周辺症状としては，不安，焦燥感，不満や怒り，いらいらなどが原因と考えられる不穏行動，暴言，他人への暴行，徘徊，夜間眠れないなどの状態があった。また，たまに，親戚の人が来ているといった妄想や，部屋を間違ったり，トイレ以外での放尿があったりした。

　中核症状については，保護的および受容的な対応に努めることに徹すること，周辺症状については症状の起こる原因を探すことと，精神科医師との連携で，Kさんの苦痛を軽減することとした。そして，Kさんが一番望んでいる自分の家での生活の実現がきわめて難しいことから，施設がKさんの生活の場としてふさわしいところとなるよう，Kさんのための生活環境づくりを行い，「施設の吸引力」を高めるべくケアプランをたてた。

　Kさんは，自分の家への帰宅願望が実現しないことに強く反応された。入所当初のケアプランでは，Kさんにとっての生活の場として不適切なことを見つけることと信頼関係をつくることを目標に，受容的な対応と保護的な対応に努め，かつさまざまな行動についての原因探し（行動に関するアセスメント）を行った。これらの初期的な作業は

施設サービス計画書(2)—①

生活全般の解決すべき課題(ニーズ)	援助目標				援助内容			
	長期目標	期間	短期目標	期間	サービス内容	担当者	頻度	期間
自分の家での生活ができないことから、自らの思いが無視されていることへの怒り、および今後の生活に対する不安などから、いらいらした状態が続き、不安感、焦燥感、怒りなどが強く、スタッフや他の利用者に暴言、時には手がでてしまう。	自分の家の近隣の人々からは、火の始末が悪いとか、夜中に食事を要求された、行方不明の捜索などがあり排斥されているため、施設での生活が長期となる可能性が強いことから、Kさんにとって安寧の場所となるよう、介護者や馴染みの人、医療保健、介護の機能、設備・建物などの生活環境を整え、「施設の吸引力」を高める。	3か月程度	受容的な対応で情緒的な安定を極力保つようにする。	1か月程度	① コンタクトパーソン(もっぱら見守りと心理社会的な対応をするスタッフ)によってゆっくりとKさんの不安、不満、怒り、思いなどに傾聴し、Kさんの困りごとをまとめて、Kさんと一緒に確認していく。 　あわてずに、否定せずに受容しながら情緒的に不安定となる原因に対して少しずつどうすればいいかということと、しばらくはここで生活しなければならないが、どんなことが満たされればいいか考えていく。 　そうしたことを繰り返すことで、必要な環境整備と施設の吸引力を高める。	ケアワーカー(コンタクトパーソン)	常時	1か月間
					② いらいらによる苦痛を軽減させるために精神科受診をし、必要に応じて精神科薬を使用する。ただし、細心の観察と記録と調整を行う(要注意)。	看護師 ケアワーカー	随時	1か月間
自分の家での生活ができないことから帰宅願望が強いこともあり、徘徊し、また食べたことを忘れるほか、夜間中途覚醒し食事を要求する。	症状の発生がなくなるように対応する。	3か月程度	症状の発生が減少するように対応する。行動パターンを確かめ対応する。	1〜2か月	① 保護的なウォッチングを徘徊時に行う。また、徘徊の原因はそのときにより違うようであり、その都度具体的な徘徊目的「どちらにいかれるんですか」「なにをされるんですか」「おこまりなことはありませんか」を上手に聴き、対応できることにはすぐに対応(水が飲みたい、お腹がすいたなどのときには、おにぎりやバナナなどで補食する)。	ケアワーカー 栄養士	常時	2か月間
自分の家での生活ができないことから、自らの思いが無視されていることへの怒り、および今後の生活に対する不安などから、いらいらした状態が続き、スタッフの姿がみあたらないと、大声でスタッフを呼んだり他人に暴言を吐く。	症状の発生がなくなるように対応する。	3か月程度	症状の発生が減少するように対応する。行動パターンを確かめ対応する。	1〜2か月	① 夜間においても同様であるが大声での暴言などについては、どうされたのかをゆっくり受容的に傾聴、根気強く対応する。	夜勤者	随時	1か月間
					② 夜間覚醒する時間をチェックして大体の行動パターンを調査し、その時間帯に観察を強化する。		常時	1か月間
失見当識、記銘力障害などの中核症状があり、職員が誘導できない場合には、夜間など他人の部屋へまちがって入り喧嘩となる。	場所の見当識障害が強いので自室の入り口付近に目立つサインをつける。また、リアリティオリエンテーション	3か月程度	リアリティオリエンテーションにより、生活場面の混乱を少なくする。	2〜3か月	① 部屋の付近にサインをつける。	ケアワーカー	常時	
					② 毎日、「今日は何月何日です。お天気は〇〇です。ここは〇〇です。わたしは〇〇で〇です」といった内容を壁のボードに表示した		常時	2か月間

事例1　基本的なニーズのとらえ方

	を日常的に行い，場所の混乱からの脱出や生活環境に馴じんでもらう。				り話しかけたり，くだもの，花，など環境的にも現実化に必要な配慮をし，対応する。 ③ 混乱による生活上の危険から保護するため，徘徊時等は観察を強化する。		随時	2か月間
職員がかかわらないとすぐに昼間はうとうとしてしまうため，夜間覚醒しやすい。また，そのため他の利用者との交流がほとんどない（交流はしたがらない）。	昼夜転倒ぎみなので昼間の語りかけや，役割（作業的な）をつくることなどで活性化する。	2か月程度	役割を見つけ，実行する。	1か月程度	① スタッフとともにできる作業をお願いする形でしていただく。この場合常時スタッフがつき，仕事の完成度は求めない。やれたことに対してのみ評価する。	ケアワーカー	常時	1か月間
煙草が好きであるが，施設内で喫煙場所がないため，いらいらする。			喫煙場をスタッフルームからデイコーナーの一角に移動して好きなときにすえるようにする。	1か月以内	① 煙草を嫌う他の利用者のため，吸煙機つきのテーブルを準備して吸っていただく。ただし，火の管理はスタッフが行い，煙草はKさんが常時もつ。	ケアワーカー	随時	1か月間
手の痺れがでてきたので，煙草をもつのも不便なときがある。そのことが原因で煙草を吸えずに不安が強まり，いらいら状態がでてきた。	手の痺れについての治療をすることで不安を解消する。	1か月程度	整形外科を受診する。	即日	① 整形外科の受診 ② 情緒的な安定を図るため，煙草を吸うときに付き添う。	看護師 ケアワーカー	受診日 随時	1か月間 1か月間

短期入所生活介護の利用期間に行った。

　入所時に精神科を受診する。いらいらしている状態や帰宅できないことへの怒りなどのため，夜間十分な睡眠もとれないため，Kさんの精神的な苦痛をやわらげる目的で，向精神薬が処方された。精神科薬の投与については細心の注意に基づく観察により，薬の効果が過度にならないか監視することがケアスタッフの作業として位置づけられた。まず処方された薬の名前，効能，副作用，そして注意すべき事項が伝達され，投与後行動の鈍麻やふらつきがないか，昼間うとうとしていないか，食思は低下していないか，顔貌は固くないかなどのチェックをする。変化があればすぐに医師に連絡し，薬物を調節してもらうこととする。これらを前提に投与し，一定の効果はみられた。

　しかし，基本的な原因である「家で生活したい」ということからの不満や怒りは抑えられるものではなく，不満を根気強く聴き，ゆっくりと時間をとり，帰っても生活が難しいといった内容を納得していただくこと，そして施設の生活のなかでの楽しさ，居場所，役割などを探す対応をコンタクトパーソン（もっぱら心理社会的な課題に対応す

る見守りスタッフ）が行った。

　Kさんは煙草好きなため，煙草はいつでも吸えるようにした。また，他の利用者の迷惑にならないように喫煙のための吸煙装置のついたテーブルを設置した。ただし，テーブル設置以前はスタッフルームで吸っていたため，スタッフがいる部屋のほうがよかった様子であった。

　ある程度落ち着きがでてきたところで手に痺れが現われた。検査の結果，頸椎変形によるものとわかったが，煙草がもてないなどKさんにとって不安要素が新たに加わり，再び暴言等がはじまった。薬物も投与なしの状況になっていたが，再度処方され，痺れの薬も追加された。しかし，女性利用者にキスをするとか，妄想などが出現し，食べたはずの食事を忘れるなどの症状も出現し，悪化した。現在対応中である。

考察

　痴呆の周辺症状というべき暴言暴行などの原因は，自宅での生活願望に対するいわれなき自由束縛であり，呆けてきたことへの不安や怯え，そして怒りなどによると考えられる。施設は，生活の場の機能をもつところではあるが，一人ひとりの人が築いてきた，自らの「城」に勝ることはできない。怒りや，焦燥感を沈めることは薬でできても，それは対症療法でしかなく，治癒されるものではない。大切なのは，その行為の根本原因に目を向けるべきである。

　Kさんの場合，在宅での生活を痴呆の症状があるがゆえに地域から排斥された，いわば痴呆によるパワーレス状態であるといえる。施設ケアプランは，そのためのエンパワメント作業を在宅のケアマネジャーと連携することも範疇に入れる必要がある。施設のケアプランでは，在宅に帰れない長期利用のケースが多く，終の住処としての「施設の吸引力」も必要となる。したがって，施設のケアプランには，利用者の身体・心理的な状態と同時に，設備，建物，職員等の環境との関係でニーズをとらえ，環境要素の改善へのアプローチも大切と考える。

事例2 医療ニーズが高い利用者への支援

事例概要

　本事例は，寝たきりの状態となり，自宅では家族の介護力も弱く，介護老人福祉施設に入所となり，入所後もさまざまな疾患を発症し，入退院を繰り返すうちに心身機能の低下が進んできており，多くの医療的な対応を必要とするIさんへの援助についてである。夫や娘など家族が交代でほぼ毎日施設に様子をうかがいに通ってこられ，家族としては，本人が身体的に安定し，苦しむことなく，毎日が安楽に過ごせることを第一に願っているケースである。

身体状況

- 利用者────────────Iさん，86歳，女性
- 要介護度────────────要介護5
- 日常生活自立度────────C2 [5]
- 痴呆性老人日常生活自立度───M [6]
- 現病歴────────────尿路結石，心筋梗塞，心房細動
- 服用薬剤────────────硝酸イソソルビドテープ，ガスコン，カマG，フォルセニド，ラキソベロン他

[5] 1日中ベッド上で過ごし，排泄，食事，着替において介助を要する（自力では寝返りもうたない）。

[6] 著しい精神症状や問題行動あるいは重篤な身体疾患が見られ，専門医療を必要とする。

生活の経過等

　夫と子ども4人（4女）との6人家族で，結婚後は働きに出たことはなく，専業主婦として生活していた。4人の子どもは，次々と結婚し，次女の家族と同居していた。
　平成元年，多発性脳梗塞を発症し，入院となる。それ以後，心身に障害をきたし，ほぼ寝たきりの状態となった。病院から退院を勧められるも，夫は高齢で腰痛もあり，次女も離婚して働きに出ているため，自宅で介護していくことが困難であるため，介護老人福祉施設への入所となった。

施設内ケアの概要

　Ｉさんは，施設入所後もさまざまな疾患を併発し，協力病院に何度か入退院を繰り返しており，重篤な状態にも何度か陥ったことがある。入院時にはさまざまな検査や治療がなされ，本人も苦しい思いをしたようで，家族は，そんな様子をみて，施設生活では本人が苦しい思いをせずに，安寧に日々の生活が送れることを望んでいる。施設でのケアの方針は，身体面・精神面において安定し，安楽な施設生活が送れるように日々の状態観察を行い，細かな変化も見逃さないように努め，変調の早期発見を行い，健康の維持に努めるとともに，精神機能の維持にも目を向け，コミュニケーションを積極的に図ることとした。これらに基づき，ケアプランを作成した。

　居室は，本人の状態から，吸引，酸素の供給がすぐにできる設備が整い，医務室，看護師室に近い部屋を利用している。

　食事に関しては，現在ミキサー食であるが，健康維持に大切な栄養状態の悪化を防止するため，全量摂取できることを目標としている。しかし，ゆっくりと食べないともどしてしまったり，むせることがあるほか，言葉での意思疎通が困難であるため，表情や顔色に注意し，嚥下を確認しながら，時間をかけて介助し，でき得る限り全量摂取できるよう援助している。食事の摂取状況については毎食後，必ずチェック表に摂取量と食事時の様子を記録しており，食事量の低下がみられたときには栄養補助食品で補うなど対応するようにしている。水分についても，1日1500ml以上摂取できることを目標として援助し，食事時のほか，10時，15時，20時に水分補給できるようにし，水分摂取量についてもチェック表に記入し，確認を行っている。飲み込みが悪い場合は，とろみをつけて摂取しやすいようにしている。

　また，現在，尿路結石があり，排尿が困難であるため，カテーテルを留置しており，感染症を起こしやすい。そこで，毎日膀胱洗浄を行っている。膀胱洗浄は，基本的に1日に1回することとしているが，尿濁等がみられた場合は，それ以上行う必要があり，そのような対応ができるようにしている。それゆえに尿量だけでなく症状を観察することは重要であり，また，これは，水分摂取量とも関連するため，ケアワーカーと看護師が細かな連携をもって対応を行っており，定期的に専門医への受診も行っている。

施設サービス計画書(2)—②

生活全般の解決すべき課題（ニーズ）	援助目標		援助内容			
	長期目標	短期目標	サービス内容	担当者	頻度	期間
食事・水分摂取量が低下しているにもかかわらず，職員が食事や水分摂取量の確認ができないため，全身状態の低下の危険性がある。	身体的に安定した施設生活の継続ができるよう援助する。	栄養状態の悪化を防ぐために毎食全量摂取と1日1500mlの水分補給の援助を行う。	① 毎食，全量摂取できるよう介助する。※摂取量が3／4以下の場合は補食としてテルミールソフトを摂ってもらう。② 1日1500ml以上水分摂取ができるよう水分補給の介助を行う。③ 食事・水分チェック表に摂取量をチェックする。	ケアワーカー　　　　　　　　　　　　ケアワーカー　　　　　　　　　　ケアワーカー	毎食時　　　　　　　　　　　毎食時＋10時，15時，20時　　　　毎食後	2か月間　　　　　　　　　　　2か月間　　　　　　　　　　2か月間
イレウスがあり，便秘傾向にあるが，それへの職員の対応で十分でなく，スムーズな排便ができていない。	身体的に安定した施設生活の継続ができるよう援助する。	毎日，スムーズな排便ができるよう援助する。	① 定期緩下剤の服用介助　朝：定期薬，ラキソベロン15T　昼：定期薬　夕：定期薬② オムツ交換時，腹圧マッサージを施行する。③ 排便チェック表に記入する。※3日以上排便がないときは対応方法を検討する。	ケアワーカー　　　　　　　　　　　　　　　　　　　　　　ケアワーカー　　　　　ケアワーカー　医師，看護師	毎食後等　　　　　　　　　　　　　　　　　　オムツ交換時　　排便時	2か月間　　　　　　　　　　　　　　　　　　　2か月間　　　　2か月間
尿路結石の治療中であり，バルーンカテーテルを留置しているため，膀胱を清潔にしておくことで，感染症を予防する必要がある。	尿路結石を治療し，自然排尿ができるようにする。	バルーン留置による感染症を防止する。	① 膀胱洗浄② バルーン内の尿の性状を観察し，チェック表に記入。③ バルーン内の尿処理	看護師　看護師，ケアワーカー　ケアワーカー	1回／日＋随時　随時　　　9時，21時	2か月間　2か月間
四肢拘縮が激しく，腋下に真菌性の湿疹があるため，定期的な処置が必要である。	身体的に安定した施設生活の継続ができるよう援助する。	湿疹の治癒に向け，腋下の保清と軟膏処置を行う。	① 皮膚科回診を受ける。② 腋下の清拭を行い軟膏処置を行う。③ 腋下にガーゼクッションをあて，清拭時には新しいものと交換する。	医師，看護師　看護師　　　看護師	木曜午後　清拭時　　　清拭時	1か月間　1か月間　　　1か月間
入院時にできた仙骨部の褥瘡（3×6程度）があり，回復に向けての継続的な対応が必要である。	身体的に安定した施設生活の継続ができるよう援助する。	褥瘡の治療と再発を防止する。	① 体位交換（心疾患があるため5～6分はその場で観察する）② 褥瘡マットを使用する。③ 患部の保清※オムツ交換時必ずホットタオルで清拭する。④ 褥瘡処置をする。⑤ 栄養面での管理	ケアワーカー　　　　　　　ケアワーカー　　　　　　　看護師　ケアワーカー	毎食後，オムツ交換時，巡視時　常時　オムツ交換時　　　　1回／日9：30	1か月間　　　　1か月間　1か月間　　　　1か月間　1か月間
病院入院中，さまざまな検査や治療がなされていたため，施設生活では苦しい思いをしたくないと思っている。	精神的に安定した施設生活の継続ができるよう援助する。	精神面において安定し，安楽な施設生活が送れるよう援助する。	① 日々の状態観察と変調の早期発見※言葉での意思疎通が困難であるため，表情や顔色に注意する。② 積極的な声かけ（コミュニケーション機会の確保）	看護師，ケアワーカー　　　　　　　　　看護師，ケアワーカー	常時　　　　　　　　　　　常時	1か月間　　　　　　　　　　1か月間
介護力は弱かったものの，もともと本人と家族との結びつきは強かったため，入所後も家族とのつながりをもちたいと思っている。	精神的に安定した施設生活の継続ができるよう援助する。	精神面において安定し，安楽な施設生活が送れるよう援助する。	家族による施設訪問	家族（夫，娘）	随時	1か月間

前回入院時に仙骨部に褥瘡ができて退院してきたため，現在，褥瘡の処置を毎日看護師が行っている。これに併せて他の部位に褥瘡ができないよう，栄養面の管理，褥瘡予防マットの使用，また，体位交換も毎食後およびオムツ交換時，巡視時に行うなど，予防ケアも行っている。体位交換時は単に体位交換を行うだけでなく，心筋梗塞，心房細動を患っているため，体位交換後も5～6分間はその場で様子観察を必ず行うようにし，体調の変化に注意をはらっている。

　さらに，強い四肢拘縮があり，皮膚の接触面の真菌性湿疹がみられるため，1日1回は必ず部分清拭を行い，軟膏処置を行っている。また，皮膚面の接触防止のため，ガーゼ枕（にぎり棒）を使用し，湿疹ができないよう予防にも努め，皮膚科の受診も定期的に行っている。

　このようなケア提供を行っている結果，本人の状態は現在のところ微熱が出たりすることはあるものの，比較的安定しており，特に変調をきたすことなく日々の生活を送っている。夫や娘などが交代でIさんの状態を伺いに，ほぼ毎日施設を訪れており，本人の状態について変化があると尋ねてこられるので，施設側は，その都度，看護師やケアワーカーが本人の状態について説明を行うようにしている。この様子をみて，家族も安心して本人に会いに来る毎日を過ごしている。

考察

　本事例は，さまざまな疾患を併発し，寝たきりとなり，ベッド上での生活を余儀なくされ，医療的なケアを必要としているケースである。本事例は，本来なら医療機関で対応されるべきケースであるといえるかもしれないが，家族は，家族と施設との今までの信頼関係や施設への期待感から医療機関での入院ではなく，できる限り介護老人福祉施設での生活を望んでおり，現在のところ介護老人福祉施設で対応している。

　また本事例は，内科，循環器，皮膚科，泌尿器といった多岐にわたる疾患をもっており，日々の定期的な医療的処置が必要であり，これらについては同一敷地内に併設している協力病院の各専門医との連携をもつことができているために，現在のところ何とか介護老人福祉施設という場所で対応できている。これに加え，さまざまな予防ケアが必要とされており，現在さまざまなサービスを提供している。また，日によって，時間によって体調が変わりやすく，急変されることも予想され，また夜間時など不安も強いため，細かな状態観察が行えるよ

う居室を医務室の近くの部屋にし，しかも吸引や酸素の供給などができる設備も整えてあるので，少しはスタッフの安心感にもつながっているようである。さらには，医療面以外にも，家族との関係を維持するためのニーズにも対応している。以上の結果，医療面の支援だけでない生活支援を実施することで，利用者のQOLを高めることを目ざしているといえる。

　しかし，正直に言うと医療スタッフの少ない介護老人福祉施設ではこれらのケア提供は，かなりの負担になっていることも事実であり，今後，医療依存度の高い利用者がどんどん増えてくることになれば，現在の介護老人福祉施設のもっている機能（設備，人）でどの程度医療ニーズを中心とした利用者の生活全体に対応していけるかについては，課題が大きいといえる。

事例3 利用者のもつストレングスの活用

事例概要

本事例のDさんは，次女と二人暮らしの男性で，脳出血後遺症により強度の左片麻痺があり，平成3年10月より，通所介護・訪問看護サービスを利用しながらの在宅生活と介護老人保健施設入所を繰り返している。本人が人一倍の努力家であること，人格の良さや過去の職歴などにより，利用者間でも人望が厚く，施設内で指導的な立場の役割を担うことが本人の生きがいとなり，効果的な自立支援が図られている事例である。

身体状況

- 利用者————————————Dさん，88歳，男性
- 要介護度———————————要介護2
- 日常生活自立度————————B1[*7]
- 痴呆性老人日常生活自立度———正常
- 現病歴————————————脳出血後遺症・緑内障・高尿酸血症
- 処方内容———————————ガスモチン，酸化マグネシウム，ダイアモックス，グルコン酸，バイアスピリン，アロリン

[*7] 屋内での生活は何らかの介助を要し，日中もベッド上での生活が主体であるが座位を保つ（車いすに移乗し，食事，排泄はベッドから離れて行う）。

生活の経過等

Dさんは大正3年K県生まれ，24歳で結婚，1男4女をもうけ，青年学校の教官を10年務める。戦争中は，陸軍軍曹として活躍，終戦後は，神社の神主をするかたわら町議会議員を4期務める。人格も良く，統率力もあるため，町の各種要職を歴任。76歳のときに妻他界，77歳のときに脳出血にて入院，左半身麻痺となる。退院後は，在宅サービスと介護老人保健施設入所を繰り返し利用，87歳のとき軽度の脳梗塞を発症し，2週間入院となる。

療養生活における解決すべき課題への援助の実際

　平成13年12月末，3か月間の在宅生活を終え，介護老人保健施設への再入所となる。入所前の在宅生活では，週3回の通所介護と週1回の訪問看護を利用し，次女および三女からの援助を受けたが，日中長時間の臥床により前回退所時と比較すると明らかにADLの低下がみられた。また，そのうえ在宅での食生活の乱れから高尿酸血症を発症。緑内障ならびに麻痺症イレウスによる排便コントロールの困難については，比較的安定していたとの訪問看護師からの報告であった。

施設サービス計画書(2)—③ （problem care plan）

生活全般の解決すべき課題（ニーズ）	ケア目標		ケアサービス実施計画			
	長期目標	短期目標	サービス内容	担当者	頻度	期間
緑内障（眼圧の上昇）に関連した眼痛および視力低下がみられるため，常時の対応が必要である。	緑内障の症状の進行がより緩やかになる。	眼痛が軽減され，少しでも視力低下の予防が図れる。	① 観察の徹底（早期発見・早期治療） ② 日々の服薬管理 ③ 点眼の施行 ④ 定期的な眼科受診	全スタッフ 医師 看護師 全スタッフ	常時 2回／日 3回／日 1回／月	3か月間
左片麻痺およびADLの低下のため，立位が不安定であるにもかかわらず，現在の環境では転倒の危険性がある（車いす自力駆動）。	転倒・外傷のない日常生活を送ることができる。ADLが維持される。	移乗時の安全確認ができる。	① ベッドに移動バーを設置し，移乗をスムーズにする。 ② 車いすのブレーキ確認を本人とともに実施。 ③ 靴下・靴等により麻痺側の足の外傷を防止する。 ④ 立位訓練・電気治療を実施 ⑤ トイレでの排泄，車いすからベッドへの移乗，朝・昼・夕の体操等を通しての生活リハビリの実施	全スタッフ 全スタッフ・本人 全スタッフ 理学療法士 全スタッフ	常時 随時 随時 6回／週 随時	3か月間
麻痺性イレウスにより排便コントロールが困難であり，現状であれば，便秘や腹部膨満感につながる可能性がある。	排便のより良いコントロールによりQOLおよびアクティビティの向上につなげる。	食事療法やホットパック施行により腹部膨満感が解消される。	① 排泄パターンを把握する。 ② 薬物療法および食事療法の実施 ・カマグ 4.5g，3回／日（必要時プルゼニド2T／日） ・オリゴ糖入りヨーグルト100g，2回／日 ・ふかし芋100g／日 ・水分補給食事外で1000cc／日 ③ ホットパックを下腹部に施行 ④ 運動療法（体操・レクリエーション）	全スタッフ 医師・看護師・栄養士 全スタッフ 全スタッフ	毎食 随時 15分／日 30分〜40分／日	3か月間
高尿酸血症があり，現状であれば，悪化するおそれがある。	内服・食事療法により，尿酸値が正常となり完治する。	食事療法を正しく理解し，右肘関節痛の軽減を図る。	① 食事療法を実施 ② 栄養指導の実施 ③ 採血により尿酸値等の定期評価を実施 ④ 右肘関節痛の発生時，湿布施行	栄養士 栄養士・看護師 医師・看護師 医師・看護師	毎食 入・退所時 1か月毎 発生時	3か月間

今回の入所受け入れにあたっては，在宅で生じた問題点を重視しながらケアプランを立案した。

まずADLの低下による転倒の危険性については，ベッドに移動バーを設置し，以前のように自力で移乗できるようにした。その際，車いすのブレーキの安全確認をするように促した。また，麻痺側の下肢の外傷を防止するために，靴下・靴の使用を勧めた。リハビリの内容としては本人の希望もあり，立位訓練と電気治療を，日曜日を除き毎日実施した。

高尿酸血症については栄養士に相談し，在宅での食事状況を詳しくアセスメントして食事療法を行いながら，栄養指導を実施した。1か月ごとに採血による尿酸値等の定期評価を行う。右肘関節痛の訴えがあるときは，湿布を貼布し，様子をみた。

緑内障に伴う眼圧の上昇による眼痛および視力低下に関しては，観察を徹底し，定時の点眼の施行を確実に行い，定期的に眼科受診を行った。

排便コントロールについては，食事療法のほか腸内の血流を良くするため，昼食後下腹部にホットパックを15分当てるようにした。

療養生活におけるグッドネス（本人の長所）の活用

先に述べた療養生活における解決すべき課題（問題点）からのケアプランのほか，本人の誇りある過去の偉業や指導力等を，療養生活のなかで自立支援や生きがいづくりに活かすために，グッドネスケアプランを作成した。

Dさんは強度の片麻痺でありながらも，自立した生活を送るために人一倍の努力をしている。このことを本人の潜在的な強さととらえ，日々リハビリを熱心に努力されることや，日常生活行為をできるだけ自分で実践されることに対し，スタッフが常に尊敬の念と賞賛を送ることにより，Dさん自身が自立していることに対する誇りをもち続けることができた。また，過去の職歴により備わった統率力を活かし，療養棟のなかでリーダーとしての役割を果たせるような場づくりを行っていった。その代表的なものが，Dさんが考案した車いすの方でもできるリハビリ体操をDさん自身が指導者となり，利用者の前で号令をかけながら毎食前に約7分間行い，他の利用者やスタッフから感謝されている。施設行事の際には，利用者代表としてあいさつをして

施設サービス計画書(2)—④ (goodness care plan)

療養生活に活かす本人の長所	ケア目標	ケアサービス実施計画			
		サービス内容	担当者	頻度	期間
町議会議員や青年学校の教官をされていたことから,統率力があり,療養棟のなかでリーダーとしての役割を果たしている。	療養生活のなかで,主役体験(自己実現)の場を設け,本人の自尊心を高め,生きがいづくりを行う。	① リハビリ体操のリーダーを担っていただく。 ② 施設行事の際,利用者代表で各種あいさつ等を行っていただく。 ③ 施設を良くする利用者様代表委員会の委員となり,役割を果たしていただく。 ④ 同室または他の利用者・スタッフの相談役になっていただく。 以上のことに対し,スタッフが常に感謝と賞賛の言葉を送る。	受け持ちスタッフ 本人	毎日3回 行事実施時 月1回 随時	3か月間
強度の左片麻痺でありながら,なるべく自分のことは自分で行って生きるという信念をもち,人一倍の努力家である。	日常生活動作のほとんどを可能な限り自力で行うことにより,自分自身の自立に対する誇りをもち続ける。	日々のリハビリ(立位訓練他)を熱心に努力されることや洗面,うがい,義歯磨き,点眼等の日常生活動作をできるだけ自分で実践されることに対しスタッフが常に尊敬の念と賞賛を送る。	本人 全スタッフ	随時	3か月間
家族思いであり,同時に家族からも愛されている。	家族と定期的なふれあいもて,精神的に安定した生活を送ることができる。	① 施設の行事に家族と一緒に参加する機会を多くする。 ② 定期的に遠方の家族とのコミュニケーションを図る。(手紙・写真・贈り物) ③ 集いの時間に他の利用者へ家族からの手紙や家族に愛されていることを紹介する。	家族 全スタッフ	行事実施時 週2〜3回 随時	3か月間

いただくことにより,本人の自尊心を高められている。また,Dさんはかねてより人望も厚く,施設運営やケアに対し提言をされる重要な人物として,施設を良くする「利用者様代表委員会」,療養棟の「利用者様懇談会」では数多くの有益な意見を出され,ますます他の利用者・スタッフが感謝と賞賛の言葉を送るようになる。また家族思いであるDさんに,家族からも愛されていることを実感し,喜んでもらうために,施設の行事のときには前もって受け持ちスタッフが家族と連絡を取り,家族と一緒に参加できるようにセッティングした。その結果,ほとんどの行事に家族は参加され,Dさんとの絆を深める良い機会となり,遠方にいて会うことの難しい家族も,受け持ちスタッフの積極的な働きかけにより,手紙や写真のやりとりや誕生日,父の日,敬老の日に送られてくるプレゼント等を,集いの時間に他の利用者にも紹介し,Dさんの家族愛を皆で喜び合うようにした。それらが,Dさんの精神的な安定と満足感につながった。

考察

　今回の3か月間の入所中に，Dさんの療養生活における解決すべき課題（問題点）はケアプランにあげたとおり実施され，良い成果が得られた。

　その要因としては，問題点からの援助計画と同時に本人の長所を活かしたグッドネスケアプランを作成しその実践によって，療養生活のなかで本人の自尊心を高めるとともに生きがいづくりが効果的に図られた結果である。

　Dさんがかつて地域社会の担い手として活躍していた頃と同じように，障害をもちながらも療養棟というコミュニティのなかで指導者としての役割を果たし，多くの信頼を得た。そのことが自己の存在価値を再認識させ，自立への意欲につながったと考えられる。

　このようにグッドネスケアプランは利用者がもつ長所からアプローチするため，自尊心や生きがいなど，精神面への作用が大きく障害をもつ高齢者の人生を支えるうえできわめて有効と考える。

事例4 痴呆性高齢者に対する治療的援助

事例概要

　本事例のMさんは，配偶者（以下，夫）と二人で暮らし，通所介護（痴呆型）をほぼ毎日利用しながら在宅生活を送るアルツハイマー型痴呆の高齢者である。しかし，平成13年10月，主介護者でもある夫の入院により，短期間の施設入所となった。夫は退院後，以前のように妻を介護しながら暮らしたいとの強い希望があり，それを念頭においた施設内ケアを行っている。

身体状況

- 利用者　　　　　　　　　　　　Mさん，73歳，女性
- 要介護度　　　　　　　　　　　要介護4
- 日常生活自立度　　　　　　　　J 2 [8]
- 痴呆性老人日常生活自立度　　　Ⅳ [9]
- 基礎疾患　　　　　　　　　　　アルツハイマー型痴呆（その他身体疾患はない）
- 薬剤　　　　　　　　　　　　　特に処方は受けていない

[8] 何らかの障害等を有するが，日常生活はほぼ自立しており独立で外出する（隣近所へなら外出する）。

[9] 日常生活に支障を来すような症状・行動や意志疎通の困難さが頻繁に見られ，常に介護を必要とする。

経過

　平成8年頃より家事をしなくなり，食欲不振など全般的に意欲低下がみられる。平成12年7月市内S病院受診，アルツハイマー型痴呆の診断を受ける。平成12年暮れから平成13年初めにかけて急激に徘徊等の異常行動がみられるようになる。
　平成13年5月の深夜，市内を徘徊する。近所の方に発見・保護される。翌日より，当園にて短期入所を緊急利用する。その後，通所介護を週5日〜6日，短期入所を月5日間程度利用しながら，在宅生活を送る。平成13年10月，主介護者でもある夫の入院に伴い，おおむね2か月間程度の予定で短期間当施設へ入所となる。

生活の経過等

　昭和62年頃までO県S市内スーパーにて勤務する。同年，夫の退職

に伴い，夫の出身地でもある現住所に移り住む。子どもはおらず，夫と二人で暮らす。病前は，居住地区の婦人会の世話役を務めたり，夫とともに旅行するなど社交的で明るい性格であった。また，近隣との関係も比較的良好であった。

在宅での援助の経過（支援開始から4か月目までの経過）

担当ケアマネジャーより，自宅で夜間屋内を徘徊し，不眠の日が多いとの情報があり，相談のうえ通所介護をほぼ毎日利用することで，生活リズムの再構築を第一の目的として援助を開始する。通所介護より帰宅後，夜間就寝することが徐々に多くなり，夫の介護疲れも軽減し始める。しかしながら，この期間に，夜間屋外への迷い出が4回あり，近所の方に保護されているが，そのたびに下肢に傷をつくる。通所介護の送迎（迎え）時に，夜間帯での様子を毎回確認しているが，一睡もせず利用する場合もあった。その間，徘徊センサー等の設置を何度も促す（担当ケアマネジャー）が，夫は強く拒否し，いまだに設置できていない状況にある。

施設内ケアの概要（支援開始4か月目から6か月目までの経過）

夫の入院に伴い，Mさんは短期間の施設入所となる。退所後は在宅生活を継続したいとの意向であるため，施設内ケアから在宅ケアへの連続性を念頭において，ケアプランを作成し実施することとした。

本事例においては，施設内ケアで生活リズムを整え（特に夜間の睡眠），退所後の夜間徘徊によるリスク軽減を図ることに焦点を当てた。通所介護利用時の状況や在宅での聞き取りを踏まえてアセスメントを行った結果，夜間帯に排泄を失敗（失禁）すると，不眠につながることが多いということが明らかになった。その点に着目し，ケアプランを作成した。

排泄に関しては，日中2時間おきの定時誘導を原則とした。また，通所介護利用時に尿・便意があるとき，失禁した際は不機嫌になり，すべてのケアに拒否的になることが多く，そのような状態と感じた際には，随時声かけ誘導・失禁の有無を確認する。また，あまりに拒否が強い場合には，時間をずらし異なるケアスタッフが対応することとした。夜間の最終誘導は21時とし，拒否時や興奮時は居室へ誘導する直前に行っている。

このような取り組みの結果，現在では，トイレ誘導時便座を前にす

ると，不機嫌ながらも自ら排泄することができるレベルにまで回復している。時折失禁していることもあるが，以前よりは軽減している（3日に1回という程度）。夜間は，就寝前の誘導後，起床時（6時半～7時）の誘導まで，排泄の訴えや失禁は観察されていない。起床

施設サービス計画書(2)—⑤

生活全般の解決すべき課題（ニーズ）	ケア目標		ケアサービス実施計画			
	長期目標	短期目標	サービス内容	担当者	頻度	期間
夜間の中途覚醒がみられ，十分な睡眠が得られない。	夜間に十分な睡眠をとる。	夜間の覚醒回数を軽減する。 不眠時は，静養を促し休息を得る。	① 排泄チェックと睡眠状況の観察（生活パターン調査表への記入） ② 覚醒時はトイレ誘導する。 ③ 日中レク等への参加を促し活動性を高める。 ④ 不眠時は，午前帯に静養を促す。	夜勤者 ケアワーカー	随時 随時 随時	1週間 1週間 2か月間 2か月間
尿意・便意を自ら訴えることがなく，失敗していることがあるほか，排泄ケアに対し抵抗し，時折暴力的になることがある。	排泄の失敗を軽減する。 納得してケアを受けることができる。	2時間おきの誘導を行うことにより，排泄リズムを整える。 介護を受け入れることができる。	① 定時の声かけ誘導 ② 不機嫌なとき，落ち着かないときは，排泄の有無を確認し必要に応じ誘導する。 ③ 就寝前の誘導を確実に行う。 ④ 強い拒否がみられた際には，無理強いせず時間を空けて再度行う。	ケアワーカー 夜勤者 ケアワーカー	定時 随時 就寝前 常時	2か月間 2か月間
徘徊が激しく，見守り，所在確認をする必要がある。	安全・安楽な生活が確保できる。	適度な休息を取り，身体的負担を軽減する。	① 園内徘徊時，2周程度ごとに声かけし，静養を促す。 ② 歩行状態の観察と所在確認	ケアワーカー	常時	2か月間
自ら歯磨きなどを行うことがなく，口腔内の衛生を保持することができない。	口腔内の衛生を保持する。	毎食後にうがいを行う。	① 毎食後，声かけ誘導しうがいを行う。 ② 拒否なく可能であれば，毎食後の歯磨きを検討 ③ 口腔内の確認を行い，異常が認められた場合には看護師に報告する。 （歯科受診の検討）	ケアワーカー	食後	1か月間
入浴が好きであったにもかかわらず，在宅での入浴が困難であったため，入浴機会を確保し，身体衛生を確保していく必要がある。	身体の清潔を保持する。	定期的な入浴に慣れ入浴に対する拒否を緩和する。	① 入浴誘導時，強い拒否が見られた際には無理強いせず，順番をずらし対応する。 ② 身体の状態（皮膚等）の観察を行い，異常が認められた際には，看護師に報告する。	ケアワーカー	入浴時	2か月間
主介護者である夫の入院に伴い，在宅でバランスの良い食事が摂取されておらず，栄養の偏りがみられるようになった。また，運動量も多いため，消費量に見合ったカロリーを摂取していく必要がある。	バランスのとれた食事を摂取することにより，食生活を改善し，健康的な食生活を維持する。	嗜好調査を行い，偏食することなく，バランスのとれた食事をとる。	① 嗜好調査を実施する。 ② 必要に応じ，ライフコーダーにて一日のカロリー消費量を把握する。 ③ 食事中，適宜声かけを行い，食欲を増進させるよう努める。 ④ 嫌いなものがあった際は，無理強いせず，代替メニューで対応する。	ケアワーカー 栄養士	入所時 必要時 食事時 食事時	1週間 2か月間 2か月間

後の誘導は，失敗・拒否することなくスムーズに行えている。

　睡眠は，排泄状態の改善とともに安定し，現在では，21時〜22時の間に入眠。6時半〜7時頃まで就寝している。以前のような，排泄のための覚醒や睡眠障害（中途覚醒）は観察されていない。本人に「眠れましたか？」と問うと，「よく眠れたよ」と笑顔で返答されることが多くなり，熟睡感のある睡眠が確保されていると考えてよい。

考察・今後の課題

　本事例においては，アセスメントの際，不眠時の状況を徹底的に調査・分析した。単に日中の活動性を高めるだけではなく，本人の排泄と睡眠の関係を明らかにできたことが，夜間帯の覚醒に伴う徘徊消失への大きな要因であったと考える。

　今後，在宅生活へ戻った際，就寝前の排泄介助がスムーズに行えるかが課題の一つとなるであろう。主介護者である夫，担当のケアマネジャーと協議しながら，以前のサービスを継続させながら，就寝前のヘルパー派遣を検討する必要性も感じている。また，在宅でトイレの位置をわかりやすくする工夫や，夫への介護指導も必要となる。

　本事例は，ゴールへ向けた一つの段階ではあるが，短期間の施設入所を利用して生活リズムを再構築し，在宅生活へつなぐ試みとして当園にとっても意義深いものであるように考えている。同時に，本事例を通じて，在宅生活を維持するための一つの方法としての施設ケアという新たなケアの地平を垣間見ることができたように受け止めている。

　今後，従来のように在宅ケア・施設ケアを異なるものとして切り離して考えるのではなく，その連続性に着目したケア，在宅ケア→施設ケアという一方向的な流れから，双方向的なケアへと転換する地点にあるのではなかろうか。

事例5 カンファレンスによる未充足ニーズの検討・解決

事例概要

　Tさんは，社会的な適応行動が不十分で，周囲との軋轢を起こしがちである。Tさんには知的障害があるほか，家族内での行動様式を中心に形成されてきた独自の生活パターンがあり，施設内における生活場面でもそれが継続していた。独自の生活パターンがあること自体は，在宅生活においては強みであるが，施設における生活ではTさんの生活パターンが生み出す行動に対し，周囲の入居者等との関係調整を必要とした。本来は強みと考えられるTさん独自の環境適応行動を受容し，自己実現を支えるという未充足ニーズが存在していた。

身体状況

- 利用者 ──────── Tさん，76歳，男性
- 要介護度 ──────── 要介護2
- 日常生活自立度 ──────── A2 [10]
- 痴呆性老人日常生活自立度 ──── Ⅲa [11]
- 現病歴 ──────── 知的障害（療育手帳「A」），胃癌術後，糖尿病，高血圧症，C型肝炎，両足指爪白癬症
- 服用薬剤 ──────── ガスター，オイグルコン，カマグ，アムロジン，ハルシオン，メレリル，ウルソ

*10 屋内での生活は概ね自立しているが，介助なしには外出しない（外出の頻度が少なく，日中も寝たり起きたりの生活をしている）。

*11 日常生活に支障を来すような症状・行動や意志疎通の困難さがときどき見られ，介護を必要とする（日中を中心としてこの状態が見られる）。

生活の経過等

　Tさんは幼少の頃に高熱がきっかけとなりひきつけを起こして，知的障害が残る。父親はTさんが年少の頃に他界し，母，姉と3人で生活していた。小学校等も不就学で，同世代の人々との交流を介して社会的な生活訓練を受ける機会にも恵まれずに成長した。母親が他界してからは，姉と二人で生活するようになり，ゴミ収集の仕事やミシン掛けの手伝いなどを行ってきた。就業しても社会的な約束事が守れず，家庭内でつくり上げてきた行動様式が集団（社会）生活でのトラ

ブルを生んできた。

施設内ケアの概要

　姉が脳梗塞を発症し，昨年11月，施設に緊急入所することになった。入所当初は帰宅願望が強くあらわれ，他者からの発言や職員の説明にもTさんは耳を傾けず，コミュニケーションは一方通行であった。例えば，無断で外出し，ゴミ箱の中のゴミを収集したり，昆虫などを食べたりすることもあり，職員が止めようとすると激しく抵抗した。また，施設の裏庭での本人にとっての「農作業」も，天候や時間に関係なく行っていた。独自の生活行動を，施設という環境下での適応的な行動へと導き，社会生活上のトラブルを減少させることが必要であった。

　そのためには，本人の「問題」と考えられる生活行動を，強みや力，自己主張ととらえることが必要であった。当面は，不適切な行動に対しては注意し，自分で自分の時間を使うことのできるような作業については，肯定的に支援することとした。また，姉には無理のない程度に来訪してもらい，施設での生活に一日も早く慣れるようTさんへの説明を繰り返してもらった。その結果，無断外出が減少し，徐々に職員との信頼関係が築かれるようになった。

　しかし，時間の経過に伴い，施設が自分の居場所として安定して，いわば「テリトリー」のような場になると，その反動として，施設の他の利用者やその家族，実習生などに対して，暴言を吐いたり，背中を叩いたりするなどの暴力行為が出現した。こうした問題を起こした際に，Tさんは，職員からの注意を受け止めることができず，裸になって床面に寝転んでしまうといった退行現象もみられるようになり，Tさんにとってもかなりストレスが蓄積している状況がうかがえた。

　在宅での強みが，施設ではむしろマイナスに作用し，そのために発生する職員や利用者，その他の環境適応行動の不都合が顕著になってきた。そこで，姉を交えたカンファレンスを開催し，解決に向けた検討を行うこととした。

　Tさんの生活の経過等を考えて，他者に影響を与えるような行動に対しては指導的な方法をとりながら，職員間で指導的対応，受容的対応の役割を決めてケアにあたることとした。つまり，Tさんが安定する活動内容を，Tさんとのかかわりのなかで見いだすことになった。

　Tさんは，年少の頃から培ってきた作業を行うと，精神を集中する

施設サービス計画書(2)—⑥

生活全般の解決すべき課題（ニーズ）	援助目標				援助内容			
	長期目標	期間	短期目標	期間	サービス内容	担当者	頻度	期間
知的障害により感情コントロールが十分でなく，従来の行動パターンを崩されまいと活動等がエスカレートし，興奮を誘発するために，無断外出や他者とのトラブルとなる可能性が高い。	集団（社会）のなかで安定する。	半年	本人への代償とそれを確認しながら活動範囲を決めていく。	3か月	本人や家族の立会いのもと，代償などを説明しながら園芸の範囲を決めていく。	家族	随時	1か月間
					園芸活動や手作業など，エスカレートせず，飽きがこないよう時間を決めた活動への誘いかけ	ケアワーカー	随時	1か月間
					特定の利用者や他の御家族など新しい顔ぶれが来所されたときは少し離すなど注意する。	ケアワーカー	随時	3か月間
					社会的価値による助言や統一した指導。	ケアワーカー	随時	3か月間
役割・愛情・自尊の欲求の未充足が顕著なために，里心が見られ無断外出を誘発する。	無断外出が減少し，精神的に安定する。	半年	上下関係をつくるのではなく，役割を決めて精神安定する要因を集める。	3か月	定期的な家族の面会	家族	1回／週	3か月間
					職員間で指導的，受容的な役割を決めて対応する。	ケアワーカー	随時	3か月間
						ケアマネジャー	毎日	3か月間
運動量が多く，廊下のゴミや他者の残り物を食べてしまうことがあり，消費量に見合ったカロリー摂取が必要である。	不衛生な行動が減少する。	半年	食事摂取量は同じにして回数を増やす。		お茶碗の半分程度のおかわりや入眠前におにぎりを摂取してもらう。	ケアワーカー	毎日	3か月間
					おやつの買出し（一度に食べ過ぎるので詰所で管理する）	家族	1回／週	3か月間
本人は感情コントロールが十分でなく，役割や愛情への欲求の未充足による孤独感があるため，オムツ内で排泄し，介助をとおしてスタッフと親身な接触を求めようとしている。	日中はトイレにて排泄される。	半年	オムツを介せずとも満たされるように頻繁な声かけや介助を確保し，セルフケアを増やす。	3か月	頻繁な声かけとトイレ誘導を行う。	ケアワーカー	随時	3か月間
					必ず手順を説明しながら本人に排泄を行ってもらう。			
収集癖がみられ，頻回に紙オムツやパッドを集めたり，トイレットペーパーを，取りにきたりして居室にためている。	紙の使いすぎは解消され安定される。	半年	必要な介助をとおして不安感を除去して他者とのトラブルを予防する。	3か月	排泄時の声かけと見守りを行い，排泄の不安感を取り除く。他の利用者の居室に無断で入らないように声かけしていく。	ケアワーカー	随時	3か月間
本人は整容に関する理解と意欲がみられないために，不衛生となりがちである。	清潔が保持される。	半年	整容に関する介助を自身で行うように誘導する。	3か月	口腔清掃，爪切り，手洗い，髭剃り等の誘導と自身でできるように介助を行う。	ケアワーカー	毎日	3か月間
					歯科医の定期検診	歯科医師		

ことができる強い側面をもっており，また，特に職員が手薄な早朝や昼過ぎにそうした活動が可能であることを確認できた。具体的には，タオルをたたむこと，ビーズを用いた首飾りをつくること，「農作業」などが得意であった。そこで，そうした活動により本人が安定するよう，職員が目の届く場所で，トラブルに陥りやすい他の利用者と距離を置きつつ，時間を決めて活動をすすめてみた。

しかし，施設内でビーズなどの細かい物を扱うことは，他の痴呆症のある利用者が異食してしまう危険性があり，作業場所の確保や見守りの強化などが重要になってくる。そうした意味から，Tさんの意欲に見合った活動の提供が施設内では十分でなく，結果として，従来の行動パターンや独自の活動がエスカレートして，他者への影響が多大になったほか，近隣住民の方からの苦情も増えた。

以上のことを考えて，指導的方針を打ち出すほかに対応できない状況があったのも事実である。また，職員全体のかかわりも曖昧であった。そこで現在は，介護職員に根気よくTさんへのかかわりを周知徹底すると同時に，清掃活動や外出（買い物など）といった活動をTさんが他の利用者や近隣住民とともに行うことで対応している。

考察

Tさんには従来の行動様式を大きく変更することなく，他者との摩擦的な関係を避けながら，安定して生活できるようにすることが施設に求められた。介護老人福祉施設では日課となるような活動をできるだけ避け，日常業務や週間・月間の行事やクラブ活動などで追われることのないように検討している。

Tさんの活動量に見合った施設内活動がないため，Tさんの行動チェック表を記録していくことにした。その結果，Tさんの環境適応行動を意識するようになり，その気づきのなかから改善策をスタッフ自らが考えるようになっていった。そして，実行可能な目標を設定し，その変化を職員間で共有化し，モニタリングとカンファレンスを行い，職員間，また職員―利用者間の相互作用のなかで意識を変えていこうとした。

施設が地域に根ざして開かれていくためには，施設入所者も地域住民としてとらえ，施設内外の社会資源との結合も可能となるよう考えていくことが重要である。施設外で日中を過ごせることができるような取り組みも，検討するに値するのではないだろうか。

事例6 施設外サービスの活用

事例概要

本事例は介護老人福祉施設入所後すでに7年経過した利用者の施設ケアプラン見直しの際に，介護支援専門員（生活相談員兼務）が施設オンブズマンや家族等と協力して，利用者が半ばあきらめていた「介護に関する意向（以下「意向」と略す）」を引き出し，それをケアプランに加えていったものである。その際，ケアプランの実施にあたっては施設職員だけでなく，家族やボランティア，近隣の食堂，食料品店などの施設内外の個人・社会資源を活用して，ケアプランの実現に至ったものである。

身体状況

- 利用者────────────Sさん，78歳，女性
- 要介護度────────────要介護4
- 日常生活自立度────────B2またはC1[*12] [*13]
- 痴呆性老人日常生活自立度────Ⅱa[*14]
- 現病歴────────────脳梗塞後遺症，不眠症，便秘
- 服用薬剤────────────酸化マグネシウム，グラマリール，デパケン，レンドルミン，ヨーデル

[*12] 屋内での生活は何らかの介助を要し，日中もベッド上での生活が主体であるが座位を保つ（介助により車いすに移乗する）。

[*13] 1日中ベッド上で過ごし，排泄，食事，着替えにおいて介助を要する（自力で寝返りをうつ）。

[*14] 日常生活に支障を来すような症状・行動や意志疎通の困難さが多少見られても，だれかが注意していれば自立できる（家庭外でこの状態が見られる）。

生活の経過等

20歳代で結婚し三女をもうける。その後3人とも結婚し，50歳ぐらいから夫婦ふたり暮らし。夫が他界後ひとり暮らしを続けていたが，平成6年に脳梗塞でA市民病院に入院。その後他の病院へ転院するも自宅へ帰ってひとり暮らしができないため，介護老人福祉施設に入所となる。

施設ケアの概要

Sさんは入所して3年経過した平成11年，脳梗塞を再発し，入退院を繰り返すなかで，四肢麻痺により車いす生活を余儀なくされる状態

となった。また，構音障害によりコミュニケーションも困難な状況になった。Ｓさんは入所前から抑うつ傾向もあり不定愁訴が多く，家族がノイローゼ気味になるなど，入所時には子どもの電話番号を本人に知らせないよう依頼されていたほどであった。しかしながらケア方法の改善や個別ケアを重視した対応を行うなかで，抑うつ状態は軽減し，平成11年あたりから不定愁訴はほとんどみられなくなった。

当介護老人福祉施設では平成10年度から利用者からの苦情・要望解決を目的として，弁護士・社会福祉士などの専門職と市民団体代表，介護者の会代表からなる施設オンブズマン制度を導入していた。Ｓさんは専門相談日に毎回必ず何らかの苦情や要望をもつ利用者として，オンブズマンに相談をもちかけていた。Ｓさんは以前から生活相談員や介護・看護職員，ときには施設長に直接苦情・意見・要望等をいうこともあった。しかし一方，多忙で施設内・外を動き回る職員に対して，思いついたときにタイミングよく希望や要望等がいえないこともあり，また，時間がたってしまってＳさん自身も忘れてしまうことも少なくなかった。とはいえ，職員へ直接，また，オンブズマンを経由して間接的に出る意見や要望事項は介護サービスにかかわるものというよりは生活環境の改善にかかわるものが多く，施設側ではその都度内容を検討し，対応してきた。

介護保険制度施行前であったが，当施設では平成９年頃から独自に施設ケアプランに取り組んでおり，試行錯誤を繰り返しながらも見直しを続けるなかで，Ｓさんについては車いす自力移動可能となるなど身体機能も一定の回復をみてきた。また，うまくいっていなかった対人関係も改善され，施設内で友人もでき，週数回ではあるが家族とも電話連絡可能な状況となり，家族も年数回は面会に訪れるようになった。さらに，物品の購入（買い物）を迅速にしてほしいという希望には，ボランティアや販売店等に協力を依頼し，配達してもらうなどの方法で対応した。また，施設内の友人と時々ゆっくり外食（夕食）がしたいという希望には，落ち着いて食事ができるように夜勤帯に近隣の中華料理店から刻み食での出前とテーブルへの配膳を依頼。さらに時折，近隣の食堂や居酒屋などに外出し，職員がずっと同伴できないときには必要時に店から呼んでもらうという協力を求めるなどして解決を図ってきた。

今回，Ｓさんのケアプランの見直しを進めていた最中にオンブズマンから「生まれ故郷の鳴門の渦潮をテレビで見て，友人と一緒に一度

見に行ってみたい。」という相談を受けたとの報告があった。匿名であったが，その後ご本人が直接介護職員にさりげなく相談をしてこられたため，生活相談員がご本人に確認し，ケアプランとして検討し，計画の作成に取り組むことになった。幸い日帰りでもかまわないということであったため，運転・介護できる職員を確保し，付き添いについてはまず家族と相談。残念ながら休日以外は同伴困難とのことであったため，ボランティア団体に協力依頼したところ同伴可能な人が見つかったため，実施することができた。

考察

本事例のポイントはまずコミュニケーション面での障害をもつSさんの「意向」や，希望・要望などをいかにして引き出したかというこ

施設サービス計画書(2)—⑦

生活全般の解決すべき課題（ニーズ）	援助目標		援助内容			
	長期目標	短期目標	サービス内容	担当者	頻度	期間
四肢麻痺により，かろうじて立てている状態であり，継続的な介助と自立に向けた援助が必要である。	自分で手すりをもち，一人で立位がとれる。	介助により何とか立位が保てる。	① 移乗介助時に立位をとってもらい下肢に負担をかける。 ② 機能訓練の実施	ケアワーカー 理学療法士 指導員	車いす移乗時 週2回2時〜5時	3か月間
尿・便意がときどきあるが，オムツ使用になってしまっている。	オムツをはずし介助によりトイレで排泄する。	オムツをした状態で，介助によりポータブルトイレで排泄をする。	① ナースコール時でのトイレ介助 ② 定時でのトイレ介助	ケアワーカー ケアワーカー	コール時 定時排泄介助等	3か月間
お互いの生活時間のズレなどから，希望時の交流が困難である。	自分で計画的に家族と連絡，面会などができる。	職員がアドバイスを行い，一定間隔で連絡をとったりできる。	① ご家族へ電話をかける際に，時間帯や回数，内容などをアドバイスし良好な関係が保てるようにする。	ケアワーカー 生活相談員	電話時 相談時	随時
買い物の希望に対し，対応が遅いと苦情が出ている。	Sさんが希望時にすみやかに届けることができる。	Sさんが希望してから2日以内に品物を届けることができる。	① 外出予定職員による買い物の対応 ② 近隣の販売店に依頼し開いている時間に配達を依頼する。 ③ ボランティアへの買い物依頼	外出する職員（事務所で） K商店 W会	Sさん希望時	随時
たまには同じ階のBさんとゆっくり食事（夕食）がしたいと思っている。	希望時にいつでも自分達だけで外食に行ける。	希望してから1週間以内に外食できるようになる。	① おちついた雰囲気でくるため，施設の夜勤帯に施設内で食事の場を設ける。また，車いすで出入り可能で協力的な食事店等を探す。	K中華料理 居酒屋T 食堂M ボランティア	Sさんが希望してからできるだけ早く	随時
生まれ故郷の鳴門の渦潮をテレビで見て，友人と一度一緒に見に行きたいと思っている。	友人のMさんと鳴門の渦潮を一泊がかりで見に行く。	できるだけ早い時期に渦潮を見にいく。	① 当面，日帰りで運転できる職員を手配し，家族またはボランティアなどの付き添いにより渦潮を見に行く。	生活相談員 運転手 家族 ボランティア	当面1回	6か月以内

とにある。本事例ではオンブズマンへの間接的な相談からの展開となっている。施設において一見現実的でないように思える要望事項をニーズとしてケアプランに加えることで実現していった，いわば成功（達成）体験をSさんが実感したことで，施設ケアプランによくみられる「意向」が「特になし」とはならず，意向の顕在化が図られたといえる。

　二つ目のポイントは利用者の希望・要望する事項そのものを目標として設定し，さらにその達成のための援助方法として施設内・外を問わず利用可能な個人的・社会的資源を広く活用したことである。これにより，個別ケアのなかでニーズ充足・目標達成が図られた。活用された資源は現状ではどこの地域でも存在するものであり，決して特別なものではない。

　同じ人間として社会生活する以上，「意向」が「特にない」ということは本来ありえないのではないか。そのような視点に立ち，狭義の介護ではなく，利用者にQOLのより高い生活を送ってもらえることを目的にして，施設ケアプラン活用方法を，今後も模索したい。

事例解説

事例1

　本事例では，痴呆性高齢者を対象者としている。そのうえで，「生活全般の解決すべき課題（ニーズ）」について，基本的な把握がなされている。

　具体的に施設サービス計画書(2)をみると，本人の状態として，「失見当識や記銘力障害がある」が，同時に本人を取り巻く環境として，「職員が誘導できない」ことにより，「夜間など，他人の部屋に間違って入り，喧嘩になる」といった生活ニーズが生じている。

　ほかのニーズも同様で，本人の状態と職員の対応や物理的環境（本人を取り巻く環境）によって，「利用者との交流がほとんどない」「煙草が吸えないでイライラする」「生活上の不安が高まり，イライラ状態が出る」といった問題が生じている。

　このように，生活ニーズとは，決して本人の心身状態だけでとらえるのではない。そうした心身状態と本人を取り巻く環境との間にどのような関連性があり，問題なりニーズが生じているかを把握することが重要である。

　生活ニーズを上記のようにとらえることができれば，「利用者をどう変化させるか」といった観点，すなわち，利用者の周辺症状を減らすといった観点にとどまらず，利用者を取り巻く職場環境や職員のあり方をも視野に入れて，サービス内容を検討することが可能になる。ケアプランの作成でサービス内容を検討するにあたっては，そのような利用者自身とこの環境の両者の変化をもたらす視点が重要になる。

事例2

　本事例は，医療ニーズの高い利用者に対するケアプランである。

　こうしたケアプランでは，当然医療的なニーズに対処する内容が中心になることは当然である。とりわけ，本人が何ら意向を言葉で示さないため，医療的なニーズに対応したサービス内容のみにとどまることが多いといえる。

　しかしながら，「生活施設の利用者」として本人をとらえ，その生活を支援するとするならば，本人の思いや意向を感じとり，それをケ

アプランのなかに反映させる対応が必要となってくる。

本事例においては，精神的なニーズに対応することにより，単に医療的な問題だけではない，生活の質を高めるといった視点がケアプランのなかに含まれている。具体的には，身体面での苦痛に対するニーズや家族との交流に関するニーズがある。これがまさに，生活支援における援助である。たとえ本人の生活ニーズのなかでも医療的なニーズがほとんどであったとしても，生活支援に基づいた援助こそが生活施設には必要不可欠であるといえる。

事例3

本事例は，利用者のストレングス（強さ＝能力，意欲，希望）を大切にし，ストレングスを活かしたケアプランを作成している事例である。

本事例では，利用者が人一倍努力家であること，また，人格のよさや過去の職歴などから，「施設内で指導的な役割を担っている」ことを本人の強さとしてとらえ，それをケアプランのなかに反映させている。

また本事例は，「生活全般の解決すべき課題（ニーズ）」への援助と，「グッドネス（本人の長所）」の活用という二つのプランに分かれており，両方のプランが本文中に掲載されている。とりわけ，後者にみられるように，本人の強さ（長所）をケアプランのなかに反映させて作成し，実施することにより，ケアプランは利用者の思いにより近い利用者本位のものになるといえる。

往々にして，私たちが作成するケアプランは，問題の解決といったことに焦点が当てられがちであるが，本人のもっている良さをさらに強めていくといった観点の支援も大変重要であるといえる。

事例4

本事例は，痴呆性高齢者に対するケアプランである。

本事例では，施設利用者の周辺症状としての徘徊等について，利用者に寄り添いながら，その原因を探っていった。その結果，失禁が不眠や徘徊の原因であるといったことと理解し，失禁予防のためにさまざまな支援をケアプランのなかに導入していっている。

このように，アセスメント実施者が感じたり，気になることをケアプランのなかに反映させることにより，単に問題の緩和を図るという

だけでなく，問題の根本的な治療である周辺症状をなくすといったことにもケアプランがかかわることができる。

ケアプランの作成においては，アセスメント実施者が感じたり，気になることを的確にケアプランのなかに含めていくことが重要であることを，本事例を通じて理解することができる。

事例5

本事例は，利用者のニーズが充足できていない場合に，できないものとして棄ててしまうのではなく，どのようにすれば充足できるのかについての努力がなされている。

具体的には，姉を交えたカンファレンスで，利用者の立場に立ち，充足できないニーズについての解決方法を模索している。本事例では，本人のもっている精神的集中力を活かすことで，未充足ニーズとして顕在化している不適切な行動の解消を図ろうとしている。

このように，施設ケアプランにおいては，カンファレンスでもって，多くの担当者から利用者のアセスメント資料を収集することで，複眼的な視点でケアプランを作成し，実施し，評価し合うことが必要である。そのなかで，未充足ケアプランを実現できるよう努めることが求められており，施設ケアプランにはカンファレンスが重要な役割を果たしているといえる。

事例6

本事例は，単に施設職員だけではなく，オンブズマンもケアプランの作成に貢献しているという事例である。

本事例では，オンブズマンからの情報をベースにケアプランの修正を図っている。その結果，本人の意向を尊重し，その解決のために施設内の社会資源だけでなく，施設外のサービスを活用している。具体的には，利用者の意向を実現するためのニーズを充足するために，ボランティア，運転手，さらには商店，居酒屋，中華料理店等がケアプランのなかに含まれている。

その意味で，本事例は，できる限り施設の居室が居宅に近いプラン内容になっているといえる。

解決できない生活ニーズというのは，施設外の社会資源を活用することによって解決が可能な場合も多く，ひいてはそのことが在宅生活により近いケアプランに変化していくことを意味しているといえる。

第 5 章

ケアプラン作成における利用者との関係

1 利用者との日々のかかわり方

1 利用者との接し方

　施設では，それぞれの職員が利用者と日々継続的に接している。その意味では，どの職員が利用者とかかわるにしても，一貫してケアプランの作成・実施に関係しているともいえる。ケアプランの観点から，施設職員が利用者と接する場面を分類すると，おもに次の四つの側面に分けることができる。

> ① ケアプラン作成に向けてアセスメントを実施する側面
> ② ケアプランを作成する側面
> ③ ケアプランを実施する側面
> ④ ケアプランが適切に実施されているかどうかを評価する側面

　この施設職員が利用者と接するのは，第一には，ケアプランを第一義的目的として実施する場合である。と同時に，第二には，職員による日々の直接的な支援のなかから副次的（二次的）にケアプランにかかわる場合である。具体的には，ケアワーカーであれば，直接のケアを実施しているなかで行われるであろうし，栄養士であれば，食事の準備や食事中の状況把握の際に二次的になされる。

　このように，ケアプランの作成を前提にして利用者と接する場合においても，また，直接ケアを実施するために接する場合であっても，利用者と接するにあたっては，いかに両者間で信頼関係をつくり上げていくかが重要になる。

　こうした対人関係の基本について，バイステック[*1]は，職員─利用者間での態度や感情による相互作用に焦点を当てて支援していくことの重要性を指摘している。

　まず，第一の流れは，利用者から職員に対して向けられる感情であ

*1
〔Felix P.Biestec〕
1921〜．アメリカの社会福祉学者。代表的著作として『ケースワークの原則』がある。援助者とサービス利用者との間に望ましい援助関係を成立させるにあたり，七つの原則を挙げている。

る。その感情とは，具体的に次のようなものが考えられる。

> ① 一個人として扱ってくれるだろうか
> ② どんな話でも聞いてくれるだろうか
> ③ 価値や尊厳のある人間として対応してくれるだろうか
> ④ 行動や気持ちを理解してくれるだろうか
> ⑤ 失敗したことを非難したりしないだろうか
> ⑥ 自分のしたくないことを強制したりされないだろうか
> ⑦ 私のことを他の人に洩らしたりしないだろうか

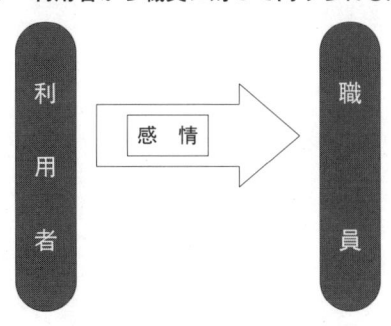

図1　利用者から職員に対して向けられる感情

利用者 →[感情]→ 職員

　第二の流れは，こうした利用者側の感情に対して，職員が向けるべき態度である。職員は，上記のような利用者の感情を敏感に感じとり，その基本的な感情に適切に反応することが必要である。具体的には，次のような態度で接する必要がある。

> ① 利用者を一個人として対応する
> ② 利用者のどんな話にも耳を傾ける
> ③ 利用者を価値や尊厳のある人としてとらえる
> ④ 利用者の行動や気持ちを受けいれる
> ⑤ 利用者を審判したりしない
> ⑥ 利用者が自分自身で決定できるように手助けをする
> ⑦ 利用者のことについて他人に口外しない

　こうした利用者に対する職員の態度に基づき，第三の流れとして，利用者は，職員が適切に対応してくれていることを感じ，職員との信頼関係を高めることができ，コミュニケーションを深めることになる。
　こうした三つの流れは，利用者と職員との日々の接触のなかで常に

図2　職員が利用者に向けるべき態度

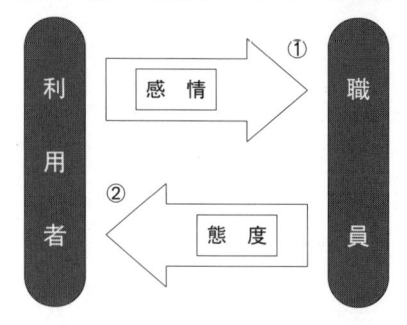

利用者 →① 感情 → 職員
利用者 ←② 態度 ← 職員

図3　職員の態度に対する利用者の反応

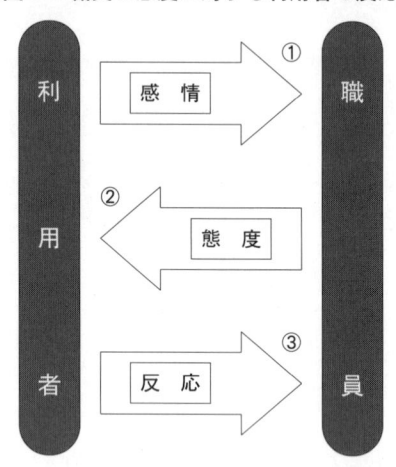

利用者 →① 感情 → 職員
利用者 ←② 態度 ← 職員
利用者 →③ 反応 → 職員

展開し，施設生活全般にわたって継続していくものである。その結果，利用者と職員との間に「ラポール^{*2}」が生まれ，徐々に信頼関係が強固なものになっていく。

こうした流れに基づき，バイステックは，職員が利用者に対してとらなければならない態度として，七つの原則を挙げている。

*2
〔rapport〕
援助者とサービス利用者との間の信頼感のあふれた，気楽で，なごやかで親密な関係のこと。フランス語でラポール，英語でラポートと呼ばれており，「信頼関係」と訳される。

① 利用者を個別的にとらえる「個別化の原則」
② 利用者が感情を自由に表出できるように援助する「意図的な感情表出の原則」
③ 利用者の感情を敏感に受け止め，表出された感情の意味を理解し，援助目的に適した反応を示す「制御された情緒関与の原則」
④ 利用者のあるがままの姿や気持ちを，そのまま受け入れる「受容の原則」
⑤ 職員の価値観や倫理的価値判断で利用者を評価しない「非審判的態度の原則」

⑥ 利用者が、自己の意志と力によって、自己のなすことを決定し行動することができるよう導く「自己決定の原則」
⑦ 利用者に関する情報は、だれにも洩らさない「秘密保持の原則」

　職員は以上のような原則を守ることにより、前記の三つの流れのなかで信頼関係が確立できていくといえる。

　利用者とのコミュニケーションの方法は、言葉を介しての「言語的コミュニケーション」だけではない。それ以外に、「非言語的コミュニケーション」があり、この方法でもって利用者との関係を強めていくことができる。とりわけ、痴呆性高齢者など意思表示が十分でない高齢者にとっては、有効なコミュニケーション手段である。

　非言語的コミュニケーションには、目線、顔の表情、声の状態、身振り、体の動き等がある。例えば、車いすに乗っているが、目線でもって「降りて、自由になりたい」「トイレに行きたい」と訴えていると感じる場合がある。また、介助式の車いすで動かそうとする動作から「移動したい」といった思いを感じることができる。そうした場合には、当然、実務者のカンファレンスで解釈したことについて話し合い、ケアプランの作成や変更に活用し、実際に計画を実施することで検証していくことになる。

　そうした非言語的コミュニケーションについて、すべて利用者の意向や思いを解釈できるものではない。上記の事例で十分に理解できないとすれば、職員は意識して、同じ目線でもって気持ちを感じ合っていくことを継続していったり、「車いすを動かしたいのですね」といった反射的対応をしていくなかで、関係を深めていくことになる。

　これらのことから、上記は、非言語的コミュニケーションを職員側が解釈したことになる。一方、下記の解釈ができない場合、職員側は支持的な対応でもって、利用者のペースに合わせながら、理解できる範囲内で利用者の行為や思いを「反射」していくことになる。

2　具体的な話し合いの場面

　職員と利用者との話し合いは、さまざまな場面が想定できる。

最も多くの比重を占めるのは，居室のなかで日々のケアにかかわりながら話し合いを行う場面であり，次には，公共性の強い共通スペース（談話室や食堂，ときには浴室等）で行う場面が考えられる。加えて，プライバシーの問題に配慮して，利用者に面接室に来てもらって面談等を行うといった場面，さらには，病院への通院や散歩など，施設外において行うという場面を想定することも可能である。

　多くの場合，利用者との話し合いは施設内で行われる。その際，居室や公共性の高い場所で実施する場合には，落ち着いて話し合うことが難しい側面が大きいといえる。一方，利用者の状態を直接観察でき，問題状況を含めた生活状況全体について広範囲に理解できる長所をもっている。

　また，プライバシーを守るという観点から，利用者が安心感や親近感をもって，落ち着いた気持ちで対応できる場所を確保することが必要な場合もある。具体的には，居室や公共性の高い場所で話し合いをする場合には，「他の利用者がいない」「他の利用者に聞こえない」といった配慮が重要である。なお，プライバシーにかかわる問題が大きい際には，人のいない面接室，あるいは空き部屋等を利用して話をすることも必要である。

3　話し合いに参加する人数について

　多くの場合，話し合いは，利用者と職員との間で一対一でなされる。ただ，話し合いそのものが中心というよりは，利用者へのケアのなかで話し合いの要素を含める場合が多い。さらには，利用者に家族等も一緒に参加して，一人の職員で話し合いをすることがある。一方，利用者は一人であるが，施設職員側として，ケアワーカー，生活相談員，栄養士といった複数のメンバーが参加して実施する場合もある。

　このように，話し合いを行うときの参加人数は，職員側・利用者側を含めて，必要に応じて変わることになる。さらに，こうした話し合いが本人との間だけではなく，家族との間でも同時に並行して進む場合もある。

4　理想的な話し合いの場面

　利用者が落ち着いた雰囲気で話ができる場面を設定するうえでは，物理的な要件と心理的な要件とがある。

　物理的要件としては，①プライバシーが十分に保たれる場所であること，②室内が温かい雰囲気をもった状況であること（事務机よりも丸い型のテーブルが置いてあったり，あるいは花の一つも飾ってあることが望ましい）などが挙げられる。

　しかしながら，このような状態を万全に整えることのできる施設ばかりとは限らない。そこで，できるだけ利用者の立場に立ち，許される範囲の設備や備品のなかで，上記の物理的な要件に近い話し合いの環境をつくり上げることが必要である。

　心理的要件としては，職員の心がけによって，理想的な場面をつくり出すことである。職員は，利用者が自由に話すことができるような心理的な環境をつくるために，具体的には，次のようなことに心がけなければならない。

---

① 話し合いをするときには，それまでの状況を振り返り，利用者とともに理解・確認しあってきたことをまとめておき，心の整理をしておくこと
② 必要な仕事は事前に済ませ，落ち着いた気持ちで利用者と話し合うこと
③ 話し合いができる限り中断されることのないように，事前に手配をしておくこと
④ 面接中の話が他者に洩れることがないような態勢をつくっておくこと
⑤ 利用者に緊張感を生じさせないよう，利用者を強制的に職員の真正面に座らせないようにすること
⑥ その日の話し合いの進展についてある程度計画的に考えておき，心の余裕をもって話し合いをすること

　以上のような環境をつくることによって，より深い話し合いが可能になるといえる。

5　声かけのもつ意味

　施設は生活の場であり，したがって，職員と利用者との間には常に声かけがなされている。

　その内容は，「おはようございます」「おやすみなさい」といった日々の礼儀としての声かけもあれば，「できましたね」「大変ですね」といったケアプランの内容にかかわる声かけもある。これは，ケアプランに基づく日々の利用者の行為に対応する声かけでもある。

　以上のような声かけは，文字どおり言葉によるものであるが，一方で，言葉で表す声かけ以外に，動作で示す声かけもある。すなわち，うなずいたり，微笑んだり，しぐさで表現をするといったことがそれに当たる。こうした動作で示す声かけは，日常の生活ルールを支えるものであったり，利用者の生活を支援するものであったりする。

　このことはケアプランとの関係からも十分整理できる。声かけがケアプランにもつ意味としては，次の3点が考えられる。

> ①　声かけをすることによって，新たな利用者の問題状況を把握することができる
> ②　ケアプランが実行できているかを確認することができる
> ③　ケアプランを評価することができる

　ケアプランの作成・実施にあたっては，一般にだれかが中心となってアセスメントを行い，ケアプランを作成し，実行していくといったことを明らかにしてきたが，それらを補助し，支えるものとして，職員の声かけやしぐさがあり，上記の三つの側面でケアプランに貢献していると整理できる。

2 ケアワーカーの日々の日誌とケアプランの関係

職員の声かけやしぐさだけではなく，ケアワーカーが記録する日誌の内容も，ケアプランと関係をもっていなければならない。

1　日々の日誌には何を書くか

　いままで論じてきた施設ケアプランの作成のもとで，日々の実践が展開されていくと同時に，ケアワーカー等は個々の利用者について毎日日誌を書いている。この日誌の内容としては，施設ケアプランがうまく実施できているのかどうかを確認することが中心である。あるいは，新たな問題点やニーズが発生することを予測するといった視点も当然含まれてくる。

　具体的には，施設ケアプランのなかで求められている業務内容を具体的にどう実行したのかを記述する場合もある。例えば，水分補給やバイタルチェック，投薬介助といったことがなされたとする。水分補給の結果，利用者がどのように反応したのか，バイタルチェックの結果，血圧はどうであり，どういう体温であったのか，また，投薬介助については実施できたのかどうか，といったことをそのなかに記述することで，施設ケアプランの実行を進めていることを明記することになる。

　以上のようなことを考えると，日誌は，ケアプランときわめて密接な関係で進められていることになる。逆にいえば，日誌の項目を収集することによって，ケアプランの遂行状況が把握できると同時に，再度ケアプランを変更しなければならないかどうかのチェックができるともいえる。さらには，その変更するケアプランの内容の一部が理解できることになる。その意味では，なぜ日誌を書くのかといったことを考えたときに，ケアプランとの関係でいえば，ケアプランをうまく

実行しているかどうかを確認する意味合いをもっていることを理解しておく必要がある。

2 日誌をどのように施設ケアプランに活用するか

　ケアプランがうまく展開しているのかどうかは、日誌を読むことによって評価することが可能である。一方、日誌をもとにケアプランの変更への指針が得られる場合がある。例えば、ある問題やニーズが生じていたということが書かれることによって、また、現在実施しているケアでは十分でないことが示されることにより、ケアプランの変更が考えられることになる。

　以上、ケアプランを評価したり、ケアプランの変更へのインセンティブを日誌が果たすことができるとするならば、日誌をもとにした日々のケアワーカー等のカンファレンスはきわめて重要であるといえる。すなわち、一人の職員の日誌への記述内容が、その職員のケア内容にとどまることなく、施設全体への評価として位置づけることができ、ケアプランがうまくいっているかどうかを職員間で確認をする材料になるからである。同時に、ケアプラン変更の時期を見極めるタイミングを見計ることができることにもなる。その意味で、日々の日誌を通じて職員間でのカンファレンスを行うことは、ケアプランの修正にも大きく影響を与えることになる。

第 6 章

ケアプランと業務マニュアルとの関係

1 業務マニュアルがない場合のケアプランの内容

1 金太郎飴のようなケアプラン

　施設のケアプランを作成や実施している職員が，よく「金太郎飴のようなプランです」と卑下していう場合がある。すなわち，どの利用者のケアプランも，同じような身体状態，あるいは同じような問題行動があれば，ニーズとそれらに対応したサービス内容が同じものとして書き込まれているといったことが生じている。こうしたことが生じる理由には，大きく二つのことが考えられる。

　一つは，本人の身体的な状態や問題となっている周辺症状のみに目を向けてニーズをとらえ，解決をしていこうとするがゆえに，金太郎飴のプランを生み出している場合である。

　例えば，利用者本人の歩行機能のみに眼目を当て，歩行ができないといった問題点で，その改善に向けたケアプランを組み立てたとする。それでは，同じADL上の問題をもっている人すべてに同じ解決方法が当てはまることになってしまう。ところが，前章までで示してきたように，例えば，ある利用者については，精神心理状況として「歩けるようになりたい」，社会環境状況で「リハビリ対応の職員がいない」といった点をとらえることができたとする。別の利用者は精神心理状況として「発症以降，意欲の低下がある」，社会環境状況では「以前に強制的にリハビリを受けさせられた」といった場合もある。こうしたことが理解できれば，個々の利用者により異なったニーズとなり，ひいては異なったケア内容が示されることになる。

　周辺症状についても同じことであり，利用者の「徘徊がある」ことのみをとらえ，それをニーズとして把握してしまえば，当然徘徊への対応についての解決方法が示され，どの利用者でも徘徊があれば同じ対応方法になってしまう。具体的には，「徘徊しているときには，身近なケアワーカーが見守りをする」といった，画一的なサービス内容

にならざるを得ない。

　こうした身体的側面や問題行動のみに焦点を当てニーズをとらえることによって，ケアプランの内容は，「どう本人を治療するのか」，あるいは「どう本人を落ち着かせるのか」といった観点に陥り，金太郎飴的なプランになってしまう。このことは，「医学モデル」ではなく「生活モデル」に基づいてケアプランを作成することの必要性をも意味している。

　もう一点の金太郎飴のようなケアプランになる理由としては，本来，個別的であるケアプランのなかに，利用者だれにも同じように実施するケア内容が記入されてしまうことが挙げられる。

　例えば，同じADLであったり，同じ身体部位に麻痺がある利用者に対する基準となる入浴のケア内容については，本来であれば業務マニュアルのなかに提示されていなければならない。そして，具体的に利用者が入浴する際には，そのマニュアルに従って入浴ケアが提供されることになる。ところが，このようなだれにも同じケアとなる部分がケアプランの中味に組み込まれてしまえば，当然同じADLの問題をもった人に対しては，同じ金太郎飴のプランになってしまうことになる。その意味では，それぞれの生活領域においてどのようなケアを利用者に日々提供していくのかを基準化した業務マニュアルが存在しない施設においては，金太郎飴的なケアプランにならざるを得ないといえる。

　以上のように，多くのケアプランが金太郎飴になっているとするならば，その原因が，①利用者の生活全体をもとにニーズがとらえられていないことから生じていないか，②個々の生活領域での業務マニュアルが施設内に存在しないことから生じていないか，これら二つの点を確認することから始めなければならない。

　金太郎飴のケアプランが前者の理由によるとすれば，「生活モデル」の視点で利用者のニーズをとらえる考え方や能力を身につける必要がある。他方，後者の理由によるとすれば，今後早急に施設で業務マニュアルの作成に取り組み，職員全員に周知徹底を図ることが必要である。

2　ケアプランと業務マニュアルの関係

　ケアプランと業務マニュアルとの関係は，これまで言及してきたように，前者が利用者ケアの個別化に対応することであり，後者が利用者ケアの基準化に対応することである。施設のなかでの日々の活動は，この個別化と基準化でもって，利用者に質の高いケアを提供していこうとすることになる。具体的にいえば，個別化がより利用者の意向に沿ったものであること，基準化がより質の高い基準を保っていることで，利用者の生活の質を高めることができる。

　一般に，よくマニュアルで例に出されるのがマクドナルドや東京ディズニーランドである。マクドナルドには何センチメートルもの厚さにおよぶ職員のマニュアル書が存在しているという。このマクドナルド等への批判をあえてするならば，お客さんへの基準化した対応は進んでいる反面，個々のお客さんに対する個別化した対応ができていないことに問題がある，という点だろう。例えば，一人のお客さんが10個のハンバーガーとコーヒーのセットを注文し，テイクアウトが明確な場合でも，「こちらでお召し上がりですか？　お持ち帰りされますか？」といったパターンで対応することになっている。また，コーヒーやコーラを注文した場合も，時間がかかるハンバーガーを注文した場合も，職員は同じように「しばらくお待ちください」と受け答えてしまっている。例えば，コーヒーやコーラの注文であれば，「すぐに準備します」といった応え方をして個別的に対応できれば，おそら

図1　ケアプランと業務マニュアルの関係

・より利用者の意向に沿った内容
・利用者ケアの個別化された対応

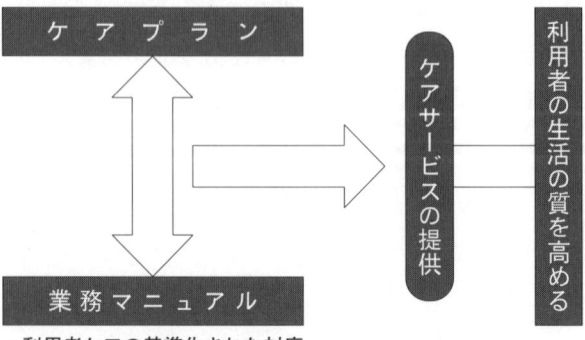

ケアプラン
　↕
業務マニュアル

・利用者ケアの基準化された対応
・すべての利用者に共通した内容

→ ケアサービスの提供 → 利用者の生活の質を高める

く基準化と個別化がマッチしたサービスの提供が可能になるだろう。その意味では，基準化だけでは質の高いサービスの提供は難しいといえる。これは何もマクドナルドに限ったことではなく，当然施設における利用者へのケア提供でも同じことである。

　介護保険制度が始まる直前で，施設におけるケアプランの重要性が指摘され，それが法的に規定されたため，大多数の介護保険施設では急遽それを進めてきた。他方，その際に，施設関係者の間では業務マニュアルを作成し，それをもとにケアしていくことの重要性は必ずしも十分に議論されてこなかった。その意味で，介護保険では，ケアプランの作成のみが義務づけられ，それのみが先行して展開してきたことになり，個別化したケアの重要性が強調されたことになった。それが，最近になってやっと，業務マニュアルの重要性についての議論が起こってきた。

　ケアプランと業務マニュアルの作成を一体的に議論できなかった意味では，介護保険制度創設時期での根本的な問題であったといえる。しかしながら，個別のケアプランを作成するなかで，金太郎飴的なプランがたくさん出来上がってくることの反省から，業務マニュアルの必要性を感じ，業務マニュアル作成を進めてきた施設もずいぶん多いことも事実である。これらのことから，ケアプランの作成を義務づけたことが，結果的に多くの施設において業務マニュアル作成へと結びついていったわけで，間接的ではあるが，ケアプランの作成・実施を義務づけたことはそれなりに良かったと評価できる。

　ただ，一方で，施設の自己評価や第三者評価が最近大きなテーマとなり，その評価基準の一つに業務マニュアルの有無が位置づけられることになった。そのために，ケアプラン作成の過程からではなく，自施設の評価を高めるために業務マニュアルの作成を始めている施設も多い。このように，ケアプランと業務マニュアルを分離した発想から業務マニュアルを作成し，それをもとにケアを展開していくとするならば，個々の利用者に対するケア内容での論理矛盾を引き起こすか，画一的なケアにとどまったり，逆戻りすることになり，施設現場において混乱が引き起こされるのではないかと危惧をする。

3　施設領域での業務マニュアルのもつ意味

　施設のなかでもとりわけ社会福祉施設では，利用者に対して業務マニュアルを用いてケアしていくことを忌み嫌う傾向が強かった。その背景としては，利用者に対して画一的なケアになってしまうのではないかという施設長や職員の恐れから，マニュアルの利用を忌み嫌ってきたといえる。

　しかしながら，利用者に対して画一的なケアであることで，ケアに一定の基準なり水準が保てるというメリットもあることを再認識する必要がある。すなわち，業務マニュアルでもって一定のケアの水準を保っていくと同時に，ケアプランに基づいて，画一的には対応できない個別的なケアの質を補うことこそが，ケアプランに求められる役割である。

　最近は，社会福祉領域でも，業務マニュアル自体の本来の意味が見直され，その必要性が強調され，従来のアレルギーも解決されつつある。施設の評価項目のなかに，「マニュアルがあるかないか」ということが含まれてきていることからもそのことが理解できる。そうしたなかで，多くの社会福祉関係者が最近ようやく業務マニュアルの重要性を理解し始めてきた。施設職員側も，利用者へのケアにおいてケアプランと業務マニュアルとが車の両輪であることを改めて理解しておかなければならない。

2 業務マニュアルをいかにつくるか

1 業務マニュアルの内容

　一般にマニュアルは「手引き，便覧，取扱い説明書」と訳されるが，施設における業務マニュアルに含まれなければならない内容は，大きく次の2点に分かれる。

　第一は，個々の生活領域におけるケアのマニュアル化である。この領域としては，①食事，②入浴，③更衣，④移動，⑤排泄等の領域が挙げられる。業務マニュアルでは，それぞれの領域において，どういった手順で利用者をケアしていくのかといった標準的なケア手順を作成することになる。

　第二は，利用者の安全性を確保するという観点から，ケアにかかわるリスクのマニュアルが作成されなければならない。すなわち，このマニュアルでもって，利用者に対して安全なケアを提供するとした視点での基準づくりがなされる。これらのリスクは，ケア全体におけるリスクである場合と，個々の生活領域におけるリスクに対応する場合に分けられる。

　これら二つのマニュアルを作成することで，それに基づいて職員が

図2　業務マニュアルに含まれるべき内容

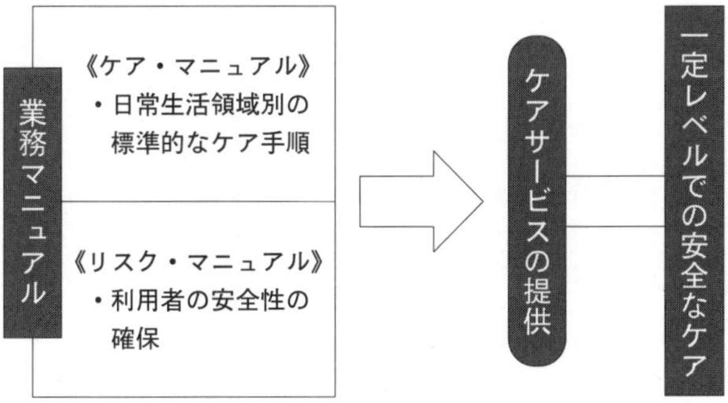

```
              《ケア・マニュアル》
              ・日常生活領域別の
  業務          標準的なケア手順        ケア     一定
  マニュアル   ─────────────   ⇒   サービス   レベルでの
              《リスク・マニュアル》      の提供    安全なケア
              ・利用者の安全性の
                確保
```

一定レベルの質を確保し，かつ安全にケア業務を実施することができる。

さらに施設では，このような個々の利用者に対するさまざまな場面でのケア・マニュアルに加えて，施設全体の管理や運営に関するマニュアルも必要となる。

2　業務マニュアルの作成手順

業務マニュアルを作成するにあたっては，他の施設が活用しているマニュアルを援用してきても通用せず，有効ではない。自らの機関で個々の職員が実施しているケア内容を提示し，整理することによって，適切なケアの手順化を確立していかなければならない。

例えば，ケア・マニュアルについていえば，施設での生活をさまざまなケア場面に分類したうえで，そこで現実にそれぞれの職員が実施しているケアの手順等について提示し合い，利用者の生活の質を高めたり，利用者から納得してもらえるケアを提供するという視点にたっ

図3　業務マニュアル作成の手順

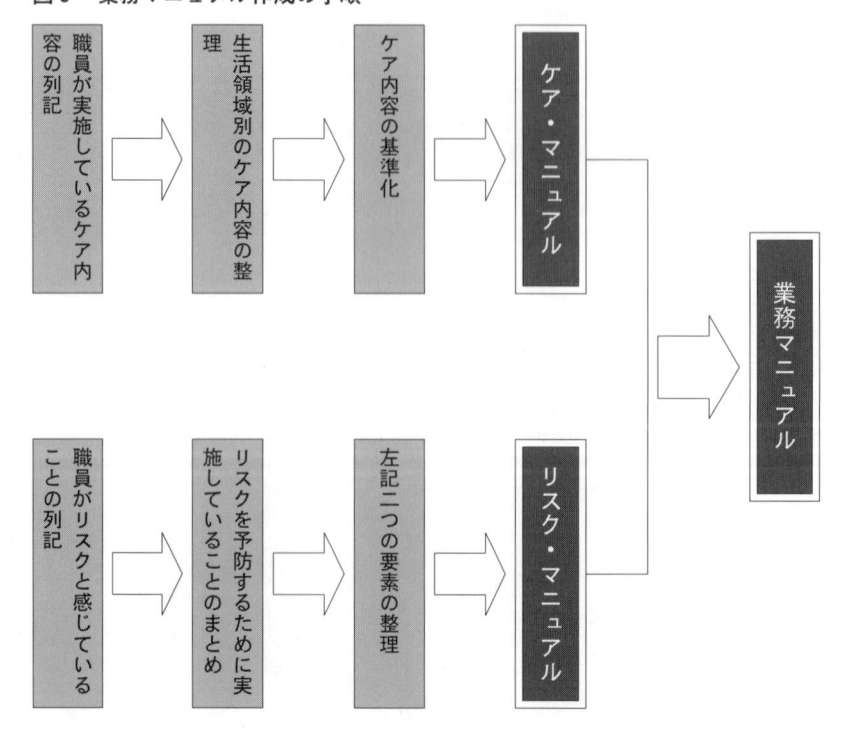

職員が実施しているケア内容の列記 → 生活領域別のケア内容の整理 → ケア内容の基準化 → ケア・マニュアル ┐
　　├→ 業務マニュアル
職員がリスクと感じていることの列記 → リスクを予防するために実施していることのまとめ → 左記二つの要素の整理 → リスク・マニュアル ┘

て，整理することが必要である。その結果，当該施設で実施していくケアの手順が確定され，文章化されることになる。

　また，リスク・マニュアルについては，さまざまな生活場面で個々の職員がリスクを予防するために実施していることを書き出し，それらを整理し，いかにリスクを防いでいくかを具体的な職員の行為として整理し，文章化することが大切になる。

　これらのマニュアル作成作業のなかからは，個々の職員が必ずしも同じような手順を踏んでいるわけではないことがわかる。また，同じようにリスク回避しているわけではない。その意味で，この整理作業は，すべての職員が同じ基準で安全なケアを実施していく機会をつくり上げるうえでも重要である。また，リスクを少なくし，ケア内容を充実させるという作業にもつながっていくことになる。

　さらに，こうしたマニュアルは唯一絶対的なものではなく，継続的に修正を重ねていくものである。そのため，必ずしも最初から完璧なマニュアルを作成しなければならないというわけではない。ただし，すべての職員が常にそのマニュアルのもとで仕事をしていくといった視点をおろそかにしてはならない。

3　業務マニュアルの修正

　業務マニュアルは常に修正され，あるいは追加されていくものでなければならない。こうした業務マニュアルの追加や修正は，二つの観点から生じてくる。

　一つはこれまで述べてきたように，ケアプランの作成・実施を進めるなかで，当該利用者だけのニーズやそれへの対応ではなく，すべての施設利用者に，あるいは特定の利用者層（例えば，視覚障害のある人など）すべてに当てはまる内容だとすれば，それはケアプランから除かれ，業務マニュアルに追加されることになる。

　他方，業務マニュアルとケアプランをもとに日々の実践が進められていくなかで，ときにはヒヤリとした，ハッとしたといった事態が生じる場合がある。そうしたリスクについては，どのようにすれば事故を予防できるかを検討する必要がある。個別的には当該利用者への対応を検討することになるが，それはケアプランの修正につながってい

図4　業務マニュアル修正の観点

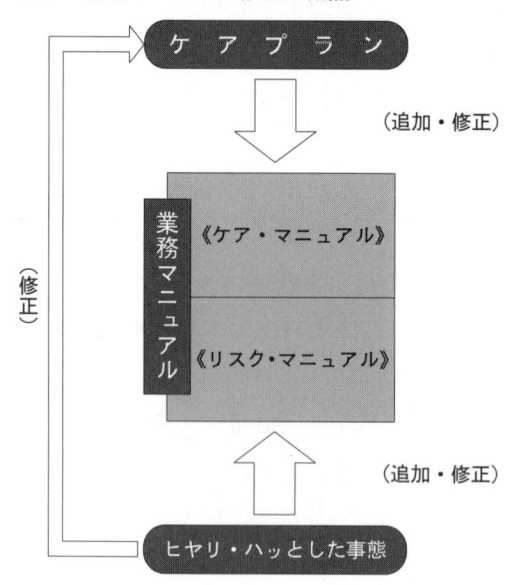

```
           ┌──→ ケアプラン ──┐
           │         ↓      （追加・修正）
           │    ┌─┬───────────┐
           │    │業│《ケア・マニュアル》│
        （修正）│務│           │
           │    │マ├───────────┤
           │    │ニ│           │
           │    │ュ│《リスク・マニュアル》│
           │    │ア│           │
           │    │ル│           │
           │    └─┴───────────┘
           │         ↑      （追加・修正）
           └── ヒヤリ・ハッとした事態
```

くことにもなる。また，施設全体としての普遍的なリスク部分についてはマニュアルに追加することによって，施設全体でのリスクの回避を図っていくことが重要である。

　このような二つの観点で業務マニュアルの追加や修正を考えると，マニュアルの追加・修正に関する定期的な検討会が施設のなかでもたれる必要がある。この検討会では，施設職員全員が何らかのかたちで参加し，マニュアルの追加・修正にかかわっていく必要がある。なぜなら，ヒヤリ・ハッとした経験やケアプランの作成・実施は，実務にかかわる人だけではなく，管理にかかわる人たちも関与しているわけで，最終的には職員全体がかかわり業務マニュアルの内容が議論され，決定される必要がある。

　同時に，修正された業務マニュアルの内容については，施設職員全体に周知徹底を図る必要がある。そうすることにより業務マニュアルは，例えば，新人職員の研修において最初に学習し，理解してもらうものとして，施設のなかに位置づけることができる。

　こうした結果，最低限のケアの基準をすべての職員が理解して，施設内のケアを展開することが可能となる。

先進的な取り組みの紹介①

「業務マニュアル」作成と活用の実際

　ここでは,「業務マニュアル」を作成し活用していく実際について,ある介護老人保健施設での事例をもとに紹介してみる。

1 「業務マニュアル」の作成

(1) ケア項目の検討

　ケア項目を設定する場合,現場で実際にどのようなケアが提供されているのかを検証するために,当施設の利用者が朝起きてから,夜寝るまで,および夜間にどのようなケアを受けているのか書き出してみた。当然のことであるが,このことは,当施設における職員の業務内容とほぼ同様となった。

　ここで明らかになったことは,①施設全体に高い頻度で提供されているケア,②頻度も少なく特殊であるケア,③あるフロアだけに限定されて提供されているケアに大別できることがわかった。

(2) ケア項目の設定

　ケア項目を設定する際に,高い頻度で提供されているケアについて考えてみると,そのほとんどが食事,排泄,入浴,体位変換など,基本的なケアに関することが多かった。これらは施設のケアワーカーとして当然実施する業務であった。

　ただ,利用者によって個別的に特別な工夫や配慮が必要な場合は,ケア項目として設定することとした。また,これについては,いつ,だれによって実施されたのか記録が整備されていなかったため,「ケアチェック表」を作成し,客観性をもたせることとした(例:水分チェック表,体位変換チェック表,排便・排尿チェック表など)。

　ここで問題となったことは,基本的なケアを提供する場合,実施す

る手順・方法が，個々のケアワーカーによってバラバラであったことである。これらが統一されていないことで，利用者に不要な混乱を生じさせたり，不安感を与えていることを反省し，だれが実施しても，ある程度統一した手順や方法で実施されることを目的として，ケアのガイドライン（マニュアル）を作成した。

このケア・ガイドラインは，私たちの施設で活用することを目的としたものであるが，決して施設ケアの画一化を意図したものではない。なぜなら，利用者が置かれている環境は施設構造によって異なり，環境が異なれば当然提供されるケアも異なるわけである。そのため，このケア・ガイドラインは，ケアの画一化を図るものではなく，一定の環境のもとでケアの普遍化を目的に作成されたものである。

(3) プロジェクトチームの活用

当施設では，基本的なケアについて，さまざまな方向から検討するために，プロジェクトチームを設置した。食事に関すること，排泄に関すること，入浴に関することなどであるが，それぞれ5～6人でチームを構成し，マニュアルもこのチームが中心となってまとめていった。

市販されている従来のマニュアルを使用するよりも，ケアの方法を自らが考案し，徹底するために，オリジナルのマニュアルを作成することは，職員全員の意思統一を図るうえでも有効である。一つのチームで完結しない問題については合同チームで検討することとした。

2　「業務マニュアル」の一例

この結果，当施設では，食事，排泄，入浴等の領域について，ケア・マニュアルが作成されてきた。ここでは，それらのマニュアルのうちでも，排泄のケア・マニュアルの一部について示してみる。

●排泄のケア・マニュアル

1）高齢者の排泄の特徴

① 膀胱の容量が少なくなり，頻尿になる。特に夜間多くなる。
② 膀胱括約筋や周辺の筋肉の衰えにより，失禁しやすい。また，便・尿をすぐに排泄できないか，一度に出きらずに排泄後に再び出る。残尿感がある。
③ 腸の運動機能低下により腹筋が弱くなっているため，便秘しやすい。また，消化吸収能力が低下しているため，下痢しやすい。
④ 本人が尿便を我慢した場合，膀胱炎やストレス性の便秘になったり，水分をとらなかったことにより脱水症状を起こすことがある。

2）痴呆性高齢者と排泄

痴呆のため，排泄後すぐにオムツを交換しなかったことで不快に思い，オムツはずしや不潔行為をしてしまう場合がある。そのような不潔な思いを利用者がしなくてもよいよう，以下のケアを中心に行う。

① 排泄パターンをつかみ，トイレ誘導を行う。
② オムツ交換時以外でも排泄行為を認めた場合，その都度オムツ交換をする。
③ 自力トイレ排泄可能な場合，トイレの場所を明確にする。トイレまでの壁や入口に目立つような印を工夫する。

3）失禁について

高齢期に多い障害として排尿障害がある。加齢に伴う神経伝達の遅れは排尿制御に障害をもたらし，排尿反射系の機能低下は，頻尿，切迫失禁（我慢のできない失禁）を生じさせる。排尿に時間がかかり，残尿感があるようになる。また，せき，しゃっくり等の腹圧がかかると，腹圧性尿失禁が起こる。

（失禁への対応）
失禁のある人の多くが尿意を感じている。尿意のない人でも事前に排尿をすれば失敗しないで済むことから，オムツに頼る方法は，排尿を自立する機会を奪っているということである。失禁者の苦痛を和らげる介護者が，不適切な介護で失禁者に苦痛を与えてしまうことがないように心がけなくてはならない。そのためには，オムツに頼らない正しい対応を知っておく必要がある。排泄チェックを基本にして，尿意，排尿の間隔，尿量，排尿の自制，自発的排尿，失禁のきっかけ，失禁した場所，失禁後の気づき方等を把握するようにする。

（排尿自立への対策）
① 排尿誘導
　排尿間隔をつかみ，早め早めにトイレに連れていく。3～4時間を目標に間隔を徐々に延ばしていく。

② 生活の工夫

寝室をトイレの近くにする。尿器を手近に置く。着脱が楽な衣類を選ぶ。失禁パンツ，パッド，収尿器の利用。

③ 用手排尿

残尿感のある場合は，排尿の終わりに腹部をへこませたり，膀胱部を手で圧迫して尿を出しきる。

④ 排尿に関連する筋肉の運動

歩行や運動で骨盤底筋・尿道括約筋を強める。肛門や膣を締めて引き上げる（1日，2～3回）。排尿中，骨盤底筋や尿道括約筋を締めて排尿を中断する。これを排尿のたびに繰り返し訓練する。

⑤ 夜間尿量の減少

日中は水分を十分にとり，夕食以降は控える。

⑥ 薬や手術による治療

泌尿器科で受診する（女性は婦人科）。

⑦ 周囲の理解と励まし

失敗しても嫌な顔をせず，成功した時は一緒に喜び，利用者自身が積極的に取り組めるような雰囲気をつくる。

4）排泄面での問題点

① オムツかぶれ
- 尿量が多いことによりオムツかぶれが発症する場合は，オムツ交換の回数を増やす等の対応をする。
- オムツ交換時，清拭を十分に行う。
- オムツ交換時の皮膚の観察を行い，早期発見に努める。

② 尿が出にくい

水分補給に努める。一度に多量の水分摂取が不可能な場合は，数回に分けて水分補給を行う。

③ 便秘

排泄チェック表にて排便の確認をし，3日以上排便が確認できない場合は看護師に報告し，下剤服用等，医療的処置を行う。

④ 肛門が開いていて，自力で排便できない。

摘便を行う。

5）トイレ誘導の手順

① 利用者の側へ行き，トイレへの声かけをする。
- 利用者からトイレにはまだ行きたくないという声があった場合は，時間をおいて再度声かけをする。

② トイレまで誘導する。

③ トイレのカーテンを引く。

自力で排泄できる利用者の場合
・カーテンを引き外で待つ。
・自分でズボン，下着を下ろす。

- 便座に座る。
- 排泄する。
- 後始末をする。
- 自分でズボン，下着を上げる。

自力で排泄できない利用者の場合
・トイレまで来たことを伝え，自分でズボンを下ろしてもらう（できない場合は，面と向かって下着に手をかけることは避け，後ろから手をかけて下げる）。 ・紙オムツを使用している場合は，はずしてから便座に座ってもらう。 ・紙オムツ等が汚れている場合は，交換する（紙オムツがきれいな場合は，そのまま使用させてもらう）。 ・基本的には，カーテンを引き，外で待つ（本人の希望や排泄時も側で見守りが必要な場合は，カーテンの中に入る）。 ・排泄の有無を確認する。 ・後始末のできない方には立ってもらい，背後から陰部を拭く（前から後ろへ）。 ・下着，ズボンを上げることのできない方には，面と向かって下着に手をかけることは避け，後ろから手をかけて上げる。 ・着衣を整える。

④ カーテンを開ける。
⑤ トイレ内にある水道，または洗面所で手を洗う（または介助し，洗ってもらう）。
⑥ 手拭き用のタオルで，手を拭く（または介助し，拭いてもらう）。
⑦ いすのある所まで誘導し，座ってもらう。
⑧ 排便，排尿の性状や量をチェック表に記入する。

6）オムツ交換の手順

① 必要物品（タオル，バケツ，手袋）を用意し，居室へ入る。
② オムツ交換をする利用者の側に行き，オムツ交換をすることを伝える。
③ カーテンを引く（プライバシー保護のため）。
④ 声かけをしながら，布団を足元まで下げる。
⑤ ズボンを膝まで下げ，手袋をはめる。
⑥ オムツを開き，タオルで清拭を行う。

男性の清拭の場合
・陰部全体をタオルで覆いながら拭く。
女性の清拭の場合
・陰部は，前から後ろへと拭く（後ろから前へ拭くと，尿路感染を起こしたり，抵抗力の弱まっている方は膀胱炎を起こす可能性がある）。

⑦ 右側臥位になってもらう（または介助する）。この時，左側のシーツ，横シーツを整える（その時は手袋をはずす）。
⑧ 左臀部の清拭を行う。

⑨ 左臀部側のオムツを臀部中央にむかって折りたたむ。
⑩ その後に右側臀部が折りたたんである状態の新しいオムツを置く。
⑪ オムツカバーの上のラインが腰部にくるようにする。
⑫ その後，左側臥位になってもらう（または介助する）。この時，右側のシーツ，横シーツを整える。
⑬ 汚れているオムツを右臀部側によせてから取り除き，清拭を行う。清拭時に排泄物（尿量，便量，色，帯下など）の観察を行う。用意していたバケツのなかに，汚れているオムツを入れる。
⑭ ⑩で臀部中央に向かって折りたたまれたオムツを右臀部側に伸ばす。
⑮ 仰臥位になってもらう（または介助する）。
⑯ 手袋をはずす。布団，衣類などは使用している手袋で触らない。
⑰ オムツをとじ，ズボンを太股の所まであげる。
⑱ 右側臥位になってもらう（または介助する）。シャツを下ろし左側のズボンを上げる。
⑲ 左側臥位になってもらう（または介助する）。シャツを下ろし右側のズボンを上げる。
⑳ 再度仰臥位になってもらう（または介助する）。ズボン，上着を整え，布団を掛ける。
㉑ オムツ交換が終わったことを伝える。
㉒ 利用者がベッドの下にずれていた場合は，介助者二人で正しい位置にもどす。
㉓ カーテンを開け，退室する。
㉔ 汚れているオムツをランドリーに仕分けして入れる。

3 「業務マニュアル」の活用方法

こうして作成された業務マニュアルは，当施設では，次のように活用されている。

(1) 職員の研修ならびに教育

自ら作成したオリジナルのマニュアルは，職員の研修に有効である。とりわけ新人職員には，具体的なケアの提供方法を教育することはもとより，利用者に対して施設がどのような対応を目指しているか，つまり，その施設の理念を明確に伝達できるメリットがある。理念教育を徹底することは，施設で実施されるさまざまなチームアプローチ・ケアを推進していくうえできわめて重要である。

また，現場での指導をマニュアルに基づいて行うことで，指導者によるばらつきをなくし，統一した指導ができる。また，指導を受ける側も指摘事項が明確なため，スムーズに受け入れることが可能である。

(2)ケアプラン作成のための視点

　アセスメント用紙を活用し，その結果から利用者が必要としているケアを導き出すことは重要である。プロジェクトチームによる取り組みは，マニュアル作成のみにとどまらず，施設における生活領域別のケアでのさまざまな問題点に気づく機会であるといえる。ケアプランが個別の問題を発見するツールならば，このプロジェクトチームによる業務マニュアルづくりは，利用者が置かれている環境や関係性を評価するために有効と考えられる。

　また，マニュアルに基づいたケアの手順・方法が職員全員に徹底されると，個々の利用者に対して個別的に提供すべきケアプランや，利用者の特殊性を勘案したケアプランが深まっていく傾向がみられる。マニュアルが深化することにより，ケアプランも深化していくことになる。

(3)施設ケアの効率を高めるために

　介護保険制度では，施設におけるケアプラン作成が法的に義務づけられたため，ケアプラン作成は施設にとって必須業務となった。作成されていないことで訴訟事件にも及ぶ危険性をはらんでいる反面，本人および家族に説明を求められたときの貴重な資料になることも忘れてはならない。

　ケアプランは，さまざまな環境で多種多様な問題を抱えている利用者のニーズに応えるための有効なツールであるが，裏を返せば，それは施設職員の業務計画であり，ケアの内容，提供する時間・頻度，いつまでに行うかなどが明確にされたうえでの計画でなければならない。

　マンパワーとサービスの質の相関関係から，一般には人員削減により業務の効果性を高めることは難しいといえる。しかしながら，施設で行われている業務から無駄を省き，業務の合理化・効率化を実現するうえで，ケアプランおよび業務マニュアルの作成は車の両輪であり，ケアの質の確保と施設の業務改革に向けた第一歩としたいものである。

先進的な取り組みの紹介②

「ヒヤリハット」作成と活用の実際

　ここでは，リスク・マニュアルを作成するにあたって，ある介護老人福祉施設における「ヒヤリハット報告書」作成をもとに，それをマニュアルに転化し，周知徹底を図っている事例を紹介してみる。

1　「ヒヤリハット報告書」作成の経過

　"ヒヤリハット"とは文字どおり，日常的に行われている介護や看護業務および相談援助業務のなかで，ヒヤリとしたり，ハッとすることである。当施設では，この「ヒヤリとしたこと」「ハッとしたこと」を「ヒヤリハット報告書」としてまとめ，リスクマネジメントのシステムづくりに役立てている。

　介護保険施設における介護事故については，従来より，「あってはならないこと」「あるはずがないこと」と考えられてきた。したがって，エラーについては，「注意さえすれば起こさないもの」という見方がされてきた。その結果，エラーを起こした個人の責任を追及するというかたちで原因調査が行われてきた。

　当施設では，人間のエラー特性（人はだれでもエラーを起こす）から，「介護事故は起こり得ること」「その事故から学ぶもの」と考え，ヒヤリハットを報告することを組織の文化として根づかせるべく取り組んできた。しかし，取り組み当初，ヒヤリハット報告書はまったく提出されなかった。その理由は次のようなものであった。

① 報告すれば，よくミスをする職員として悪く評価されるかもしれないと個々の職員が思っている
② 報告の重要性が理解されていない
③ 忙しくて報告書を書く暇がない

これらを改善するために，報告書を多く提出する職員はミスの多い職員ではなく，「システムの改善に意欲的に貢献している職員」として表彰する制度をつくった。その結果，50床の介護老人福祉施設であるが，多い月で50〜60件の報告書が提出されるようになった。

　さらに，報告書が数多く提出される組織の風土を築くためには，評価に対する不安の払拭に加えて，報告することのメリットが感じられることが重要であると考えている。例えば，その報告が事故防止に活かされていることが実感できたり，その体験が共有化できたりすることである。

　報告書作成の成否は，日常業務において，ヒヤリとしたり，ハッとしたときに，躊躇することなく報告できるかどうかにかかっている。そのうえで，具体的には，次のことが記録され，報告される必要がある。

①発生日時（いつ）
②発生場所（どこで）
③対象者（誰が）
④状況（どうなっていた，どうなりそうであった）
⑤対応（どうしたか）

　次に，状況を判断し，原因（なぜそうなったか，なぜそうなりそうになったか）を記録する。

　このとき注意が必要なことは，客観的事実と推測とを区別しておくことである。加えて，このことが二度と起こらないように再発防止策を立案し，記録するようにする。

　これらについては，品質保証責任者が最終的にコメント（状況把握，対応および原因究明の確度，再発防止策の妥当性の確認）する。その後，速やかに関係職員に回覧し，周知徹底を図る。

　さらに，再発防止策の実行開始から1か月を目処にヒヤリハット評価確認として，報告書の裏面にある再発防止策の評価を記入する。この記入は，当該ヒヤリハット報告者に加えて，すべての関係職員が記入できることにしている。その後，再発防止策の効果を検証し，再発防止が完了したか，継続か，再検討かを記入する。これらについて，品質保証責任者は，再発防止について確実に実施されたことを確認する。

2 「ヒヤリハット報告書」の例

ヒヤリハット報告書	報告者	× × × × ㊞
記録日	平成 14 年 2 月 ○ 日（○）	
発生日時	平成 14 年 2 月 ○ 日（○） ○時○分	
発生場所	居室	
対象者	ⓘ利用者／家族／職員／その他	
状況及び対応	コールが鳴り居室へ行くとベッドサイドに尻もちをついている。看護師に報告し、ケアワーカー2人と看護師とで、ベッド介助する。何をしようとされていたのか尋ねると、顔を洗うため、車いすに移乗しようとし、ベッドと車いすのすき間にお尻が入り、そのまますべり落ちたと話される。痛みの訴えもなく、外傷も見られない。看護師により血圧測定をすると異常は見られず（110/79）、様子観察の指示を受ける。車いすのブレーキはかかっていた。 □ 謝罪済み　→　対象者：　了承　・　未了承	
原因	洗顔に行くため、車いすに移乗する際にベッドと車いすの間にお尻がはまり込み、そのままずるずるとフットレストの上に落ちたと思われる。	
再発防止策	時間を見計らって声かけし、車いすの後ろにつき、車いすをもつようにする。 実行開始日：　14 年 2 月 ○ 日	
コメント	筋力の低下に伴ない、今後多くみられてくる可能性が高いと思います。上記の件は車いすにブレーキはかかっていましたが、ゆるみはありませんでしたか。○○さんの体重が一度に移動します。点検を重ねてください。 品質保証責任者	

ヒヤリハット評価確認	報告者	× × × × ㊞
評価確認	14 年 3 月 ○ 日	

朝起きられたのを確認し、声かけし、車いすへ移乗してもらい、洗顔が終わるころを見計らって居室へ行き、ベッドへ移乗してもらった。その他の際も、早めの声かけにて、移乗する際は車いすをもつようにした。

評価

日頃の状態を観察するようにしましょう。例えば、前夜よく眠れていない様子が伺える場合には、利用者の納得のいく説明をしたうえで、「何かあったらすぐにコールボタンを押してください」と声をかけ、事故防止に努めましょう。

再発防止策	効果　⓪あり　／　なし	
再発防止	・完　了 ・継　続 ・再検討	品質保証責任者

3 「ヒヤリハット報告書」の活用例

ヒヤリハット報告書の作成・実施に伴い，次のような効果がみられた。

① 報告すべきか否かで躊躇することなく，とりあえず作成するという風土ができつつあることで，ニアミスや大したことではないと見過ごされてきたささいな出来事が報告されるようになり，多くの事例が集められた。
② 起こってしまったこと，起こりそうになったことについて，状況・原因を記録することにより，職員一人ひとりの観察力が高まった。
③ 再発防止策を立案するためには，状況把握および原因究明の確度が要求されることから，職員一人ひとりの考察力が高まった。「どうすれば起こらなくなるか」を常に考えるようになった。
④ 回覧欄を設けることにより，関係する全職員が報告書の内容について確実に知ることができた。
⑤ 原因・再発防止策欄を設けることにより，原因を究明し，確実に再発防止策をとることができた。
⑥ 評価欄を使用することにより，再発防止策について，1か月後の効果を確認することができた。
⑦ 家族に対して，状況および対応策などを説明するための客観的資料となった。

このように，報告は，事故防止から業務改善への最短ルートと考えられる。

また，月1回「ヒヤリハット委員会」を開催しており，次の事柄を検討している。

① ヒヤリハット報告書の活用推進
② ヒヤリハット報告書の管理として，件数，発生場所，発生時間帯などの統計処理
③ 多発しているヒヤリハット事例への対策立案についての話し合い。

さらに，重大なヒヤリハット（受診を伴うような事故）が報告され

てしまったときは，随時話し合いを行い，適切な対策を講じることとしている。

　これらの一連の流れを通じて，次のような是正処置がとられるようになる。

> ①　原因追求（ヒヤリハットがなぜ起こったか），応急処置（当面の不具合を取り去る）
> ②　遡及処置（以前にも同様のヒヤリハットが発生していなかったか，発生していた場合にはさかのぼって処理する）
> ③　水平展開（今回と同様のヒヤリハットが他のフロアや他の部門，他のサービスで発生しないように予防処置を施す）
> ④　恒久対策（根本原因を根絶する抜本的対策を講じて，二度と同じヒヤリハットが発生しないようにする）
> ⑤　効果確認（恒久対策に対して，その効果を確認する）

　ヒヤリハット事例からの業務の見直し・改善に伴う作業手順の変更に即応したマニュアル改定が重要であることはいうまでもない。マクロ的には，業務の見直し・改善によるサービスの質の向上が，マニュアル改訂を伴ったかたちで推進されること，ミクロ的には，利用者個別のケアプランの変更へ結びついていくことである。ケアプランの変更要因となる利用者の心身状態の変化は，日常業務におけるヒヤリハットを伴うことが多い。すなわち，一人の利用者に対する複数の同様のヒヤリハット報告は，当該利用者のケアプラン見直し時期であるというシグナルであるといえる。

　このように，ヒヤリハット報告の仕組みと業務マニュアルや施設ケアプランとの関係は，きわめて密接であるといえる。さらに，ヒヤリハット報告は，組織内のシステム改善へとつながる。職員同士，職員と利用者・家族のコミュニケーションの改善，介護・看護・相談援助の手順，ルールの改善，情報伝達方法の改善，人事・労務管理の改善，作業環境の改善，機器・器具・備品等のハードの改善，教育・研修制度の改善，組織風土の改善と，あらゆるシステムの改善につながるものである。

　何よりも，職員一人ひとりのリスク感性が高まることは，施設でのケアプラン作成・実施能力を高めることになる。ヒヤリハット報告の魅力は尽きない。

第 7 章

ケアプラン作成に向けた施設の仕組みづくり

1 ケアプランを作成・実施した場合の効果

1 施設でなぜ身体拘束が起こるのか

現在，施設利用者の身体拘束を根絶するために，「身体拘束ゼロ作戦」のキャンペーンが展開されている。かつては，施設や在宅を含めて，寝かせきり高齢者が多いといったこともあって，「寝たきり老人ゼロ作戦」が展開されたこともある。

表1 身体拘束廃止に向けてまずなすべきこと—5つの方針

1	トップが決意し，施設や病院が一丸となって取り組む
2	みんなで議論し，共通の意識をもつ
3	まず，身体拘束を必要としない状態の実現をめざす
4	事故の起きない環境を整備し，柔軟な応援態勢を確保する
5	常に代替的な方法を考え，身体拘束するケースは極めて限定的に

厚生労働省「身体拘束ゼロ作戦推進会議」発行：『身体拘束ゼロへの手引き』より

表2 寝たきりゼロへの十か条：寝たきりゼロをめざして

第1条／脳卒中と骨折予防
　　　　寝たきりゼロへの第一歩
第2条／寝たきりは寝かせきりからつくられる
　　　　過度の安静逆効果
第3条／リハビリは早期開始が効果的
　　　　はじめようベッドの上から訓練を
第4条／くらしの中でのリハビリは
　　　　食事・排泄・着替えから
第5条／朝起きて，まずは着替えて身だしなみ
　　　　寝・食わけて，生活にメリとハリ
第6条／「手は出しすぎず，目は離さず」が介護
　　　　の基本自立の気持ちを大切に
第7条／ベッドから移ろう移そう車椅子
　　　　行動広げる機器の活用
第8条／手すりつけ段差をなくし，住みやすく
　　　　アイデア生かした住まいの改善
第9条／家庭でも社会でもよろこびみつけ
　　　　みんなで防ごう閉じこもり
第10条／すすんで利用，機能訓練・デイサービス
　　　　寝たきりなくす人の和，地域の輪

厚生省編『厚生白書 平成4年版』ぎょうせい，436頁，1992年

こうした身体拘束や寝かせきりといったことは，利用者の人権に反することであり，当然キャンペーンを展開すること自体はきわめて有用である。ある意味では，啓発のためにはおおいに実施すべきことでもある。

　しかしながら，キャンペーンのみでもってケア内容を根本的に変えていくことは難しい。本来的には，利用者に対するケアプランの作成・実施の過程に基づいて寝かせきりがなくなったり，身体拘束がなくなっていくことが本来の姿であり，これこそがケアプラン作成・実施の目的だともいえる。

　個々の利用者に個別的で最適なケアプランを地道に作成・実施するなかで，寝かせきりや身体拘束をなくしていくといった発想が必要である。また，ケアプランを作成・実施したことを施設全体のケアとして普遍化していくことで，業務マニュアルが見直されることも大切である。そこで，身体拘束に関連するケアが廃絶されるマニュアルに変更・修正していく，あるいは寝かせきりになるような要素が業務マニュアルに含まれているとすれば，そのマニュアルを変更していくといった思考過程が必要である。

　キャンペーンによりケアを変えていくだけではなく，ケアプランに基づき個々の利用者の生活ニーズに応えていくなかで，ケアが変わっていくという発想をもたなければならない。キャンペーンのみでケアを変えることは，きわめて表層的な議論のような気がしてならない。「寝たきり老人（bed-bound elderly）ゼロ作戦」は，確かに施設から寝かせきりの高齢者をほとんどなくすことができた。反面，「座らせきり老人（chair-bound elderly）」を増やしたに過ぎないともいえる。さらにいえば，利用者の褥瘡を仙骨部から臀部に移行させただけではないのかといった問題提起さえも出てくる。

　確かに，寝かせきりよりも座らせきりにさせたほうが，利用者の廃用症候群[*1]からみてベターであることには違いはない。しかし，利用者の質の高い生活を追及していくうえでは，本質的な論議ではない。

　今回の「身体拘束ゼロ作戦」は，確かに施設から身体拘束をなくすことに貢献できるものと期待したい。その反面，「身体拘束」はなくなったとしても，利用者に危険だから「本人の希望する外出支援はできない」といった，本人のニーズを尊重することなく，リスク回避のケアとならないかが心配される。つまり，利用者の生活の質が低下しないかを危惧するわけである。

*1
心身の不使用が招くさまざまな機能低下。身体的には筋や骨の萎縮，関節拘縮，起立性低血圧等の循環器機能の低下，精神的には意欲の減退や記憶力低下等がある。

こうしたことから，どのような視点でケアプランを作成すれば，身体拘束がなくなるかを考えてみる。ここでは，一つの事例を介して解説してみたい。

【事例】

> 　Aさんは病院を退院し，施設に入所してきた痴呆性高齢者である。病院にいたときに健側下肢でベッドを蹴るため，何回かベッドから転落した経験があった。そこで，施設ケアプランの作成にあたって，職員は「Aさんは健側下肢でベッドを蹴るため，転落する危険がある」というニーズをとらえた。

　このことは，Aさんの身体機能的状況だけをとらえてニーズをつかんだことになる。その結果，ケアプランでは「転落することの予防」が援助目標となり，へたをすると，①健側下肢を拘束する，②精神安定剤を服用させる，③柵を取りつける，といったケア内容につながりかねない。

　ところが，前述してきたように，ケアプラン作成にあたっては，利用者の身体機能的状況，精神心理的状況，社会環境的状況から生活ニーズをとらえることになるが，そうすれば，このようなケア内容にはならないはずである。

　例えば，「Aさんは健側でベッドを蹴る（身体機能的状況）が，高いベッドで就寝しており，夜間ケアワーカーが2回しか巡回できない（社会環境的状況）ため，転落する危険がある」というようにニーズをとらえれば，夜間巡回の回数やベッドの高さも問題となる。この生活ニーズから，柵の設置や身体拘束といったケア以外に，ロウ（低い）ベッドの導入や畳の生活への変更，あるいは，ベッドの横にクッションを敷いたりすることによって転落の予防を図るといったケア内容が考えられる。同時に，ケアワーカーの夜間の見守りの頻度を多くするといったことも考えられる。それがだめならば，夜勤ケアワーカーの近くへベッドを移すことも考えられる。

　このケアプランから，多くの利用者が夜間の頻回な見守りを求めていることが明らかになったとすれば，業務マニュアルが変更され，夜間の見回り頻度や見回り方法が変更されることに結びついていくことにもつながっていく。

　さまざまな解決方法から，身体拘束以外の解決方法を導き出し，実

施していくためには，その前提として，職員が利用者に対する人権や尊厳といった価値観を有していることが必要になる。同時に，生活ニーズをとらえるときに，単に利用者の身体機能面だけに着眼するのではなく，社会環境面にも眼を向けることによって，身体拘束を回避できることになる。

さらにケアプラン内容について検討すれば，健側下肢でなぜ蹴るのかという精神心理面のアセスメントが必要である。例えば，職員がAさんに寄り添うなかで，①「お腹がすいているときに蹴るのではないか」，②「淋しいから蹴るのではないか」といったことを感じることができれば，さらに多様な解決方法が導き出されることになる。例えば，①と感じたとすれば，生活ニーズは「お腹がすいているときに健側下肢でベッドを蹴ると思えるが，高いベッドで就寝しており，夜間ケアワーカーが2回しか巡回しないので，ベッドから転落の危険がある」となる。その結果，ケア内容としては，就寝前に食事がとれているかどうかを確認し，必要ならば軽食を準備する，といったケアプランが追加されることになる。②であれば，生活ニーズは「淋しいと健側下肢でベッドを蹴ると思えるが，高いベッドで就寝しており，夜間ケアワーカーが2回しか巡回しないので，ベッドから転落の危険がある」となる。その結果，例えば就寝前に職員ができる限り声かけをするといったプランが追加されることになる。この結果，健側下肢でベッドを蹴るといったことの解決の糸口がみつかることにつながっていく。

以上のように，利用者の生活を支援するといった観点がきちんとケアプランのなかに反映されていれば，身体拘束といった問題も生じてこないことがわかった。具体的に本事例で明らかになったことは，第一に，職員には利用者に対する尊厳といった人権感覚を身につけてもらうことが不可欠なことである。第二には，利用者の生活ニーズを身体機能面だけでなく，社会環境面，さらには精神心理面の背景をもとにとらえることが重要である。そうした観点に基づけば，身体拘束といった人権無視のケアがなくなるだけでなく，個々人のニーズに合った支援を実施でき，利用者の問題の根本的な解決に向かっていけることが明らかになった。

2　ケアプランによってサービス評価ができる

　ケアプランを作成することによって，利用者の側からいえば，自らのニーズがどのようなケアを受けることで充足されようとしており，それが適切に行われているかどうかといった評価が可能になる。ときには，ケアプランどおりケアが提供されていないといった苦情の表出も可能となる。そのため利用者には，当然のことではあるが，作成されたケアプランが了解され，かつ手渡され，利用者参加のもとで日々のケア実践が行われることが必要である。そして，施設側の職員としては，ケアプランが実行されることによって，利用者の生活ニーズが満たされているのかどうか，満足しているのかどうか，さらには，生活の質が高まっているかどうかを常時確認することも必要となる。

　一方，サービスを提供する職員側も，ケアプランにより自らの業務を自己評価することが可能になる。この評価には，いくつかの段階が考えられる。第一は，支援目標が達成されているかどうかの評価である。第二は，個々のニーズに的確に応えられるケアが実施されているかどうか。第三は，ケアプランの実施により利用者が満足感を得られているかどうか，といった評価内容である。

　要するに，＜plan→do→see＞という発想のもとでケアが提供される以上，そのプランが効果を収めたのかどうかをみる評価（see）が必要であり，ケアプランの作成・実施という過程が，まさにそれを可能にしているのである。

3　ケアプランによって施設や制度が変わる

　ケアプランの内容は，利用者の意向に沿ったかたちで，業務マニュアルの変更につながっていくことを明らかにしてきた。業務マニュアルの変更とは，施設全体のケア内容を変えることである。それは，施設の理念をも修正していくことになる。さらには，職員の態度や考え方も変えることになり，職員のケア能力を高めることにもつながっていく。このように，ケアプランを作成・実施することを介して，施設自体が変わっていくことになる。

同時に，そうした業務マニュアルの変更は，ときに，制度そのものの変更を求めることも生じさせる。例えば，職員の人員配置の問題や居室の大きさ，あるいは居室の間取りといったことの変更などがそれにあたる。最近起こっているユニットケア*2や個室化の議論は，キャンペーンといったスタイルで誘導されたりしていくよりも，ケアプランの作成・実施のなかで，「個々人の生活ニーズを充足させるためには，ユニットケアが必要である」「個室化が必要である」といった具体的な事例を集積するなかで，職員が声を上げ，ソーシャル・アクション*3として行動していくことが，本来のケアプランの目的であり，効果である。個々の利用者の生活ニーズを満たすために個室化が必要であり，ユニットケアが必要であるとの論理の展開が，施設側には求められている。

　そのことは，ひいてはハード面の整備とも関係しており，単に利用者個々人のケアをどう実施していくかということだけではなく，どのように施設の物的環境を整えていくかということも，利用者の生活ニーズを充足させ，質の高い生活を担保していくためには必要であり，両者は相互に補完し合っているのである。

> *2 グループケアの一形態。大規模施設を各ユニットに分割し，生活空間を整え，そこでケアスタッフがともに生活するようなケアの形態をいう。
>
> *3 社会福祉運営の改善を目指して，組織化することで，関係各法面に訴えかけたり，行政機関に直接的に働きかけるような行為を指す。

4　職員のケアが変わる

　施設においてケアプランを作成し，実施することに伴い，職員には利用者に対して個別的な対応が求められる。それは，単に業務マニュアルに則った基準的な仕事だけではなく，個々人のニーズに合った個別的な仕事が求められることになる。その意味で，職員は，利用者が一人ひとり違った意向，身体の状態，生活の経過をもち，違ったニーズをもっている，ひいてはそれぞれ異なるケアを求めているということを理解することが必要である。その結果，職員は，ケアプランを作成・実施することによって，一人ひとりに合ったきめの細かいケアを提供することが可能になる。

　さらには，個々人に合ったケアを具体的に展開していかなければならないということで，職員によるケア内容がより高度化し，質の高いものに変質していくことになる。

　以上のように，ケアプランを作成し，実施するということは，職員

教育にもつながっていく。さらには，職員が自分自身の知識を高めなければならないという動機づけを高めることにもつながっていく。

2 ケアプランを円滑に実施していくための職場づくり

1 カンファレンスの恒常化

　施設におけるケアプランの作成・実施はチームアプローチが基本であり，そのため，カンファレンスが重要な役割を果たすことになる。施設においてカンファレンスが恒常化することが，ケアプランを円滑に作成・実行していくうえで不可欠な要件となる。

　ケアプランの作成過程からみると，このカンファレンスは，理念的には2種類に分類することができる。一つは，アセスメントに関するカンファレンスであり，他方はケアプラン作成に関するカンファレンスである。前者は，多くの関係する職員が利用者に関するアセスメント情報を出し合い，情報を総合化するためのものである。後者は，総合化した情報をもとにケアプランを作成し，作成されたプランの周知徹底を図るものである。

　これら二つのカンファレンスは，直接利用者とかかわっている者，つまり実務者が集まるものであり，一般には一度のカンファレンスでこれら二つの機能を果たすことのほうが多く，そのほうが機能的である。この二つの機能をもったカンファレンスが，施設のなかで恒常化することにより，円滑にケアプランが作成・実施されることになる。

　この実務者レベルのカンファレンスにおいては，ときには利用者本

図1　実務者レベルによるカンファレンスの役割・機能

実務者レベルのカンファレンス	
アセスメント型	ケアプラン作成型
・関係者による情報の出し合い ・出された情報の総合化	・総合した情報に基づくケアプランの作成 ・ケアプラン内容の周知徹底

人や家族等が参加することも可能である。ただ，本人なり親族が参加し，自分の意見を明確に発言することによって，円滑に実行できる場合もあれば，逆にそういう人たちが参加することによって，本人の意向がアリバイ的に用いられる結果になりかねない場合もある。参加する場合には，カンファレンスの主宰者が，本人や家族の意向を反映できるような雰囲気をつくり上げていく工夫が不可欠である。同時に，本人からの最終的な了解は，カンファレンスとは別の機会に，本人や家族からとるといった配慮が必要である。その場ですべてを決めるのではなく，最終的な判断は別の機会に本人から得ることが重要である。

　このカンファレンスでは，カンファレンスの日時・場所を事務的に通知する者，司会を務める者，ケアプランの原案を提示する者をあらかじめ，施設内で決めておかなければならない。

　なお，施設内でのカンファレンスは，職員の立場（職種）によって，三つの類型のカンファレンスに分類することができる。第一は，アセスメントやケアプラン作成において，どのような状態なのかを理解したり，あるいはどのようなプランを作成するのかといった，実務者レベルが集まって行うカンファレンスである。これが，前述のカンファレンスに相当する。なお，このカンファレンスでは，ケアプランに基づく業務マニュアル内容の修正・加筆・削除についても議論されることになる。また，その修正・加筆・削除された業務マニュアル内容について周知徹底を図っていく場でもある。

　このカンファレンス以外にも，以下の2つのカンファレンスが施設では必要である。第一は，作成されたケアプランのなかで実行できな

図2　施設におけるケアプランにかかわるカンファレンスの分類

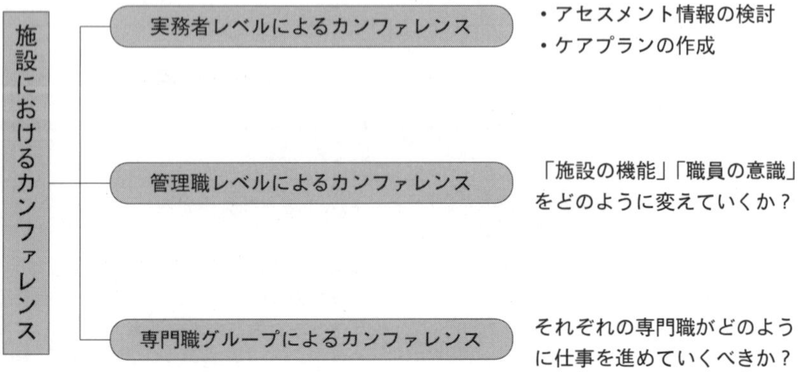

施設におけるカンファレンス		
	実務者レベルによるカンファレンス	・アセスメント情報の検討 ・ケアプランの作成
	管理職レベルによるカンファレンス	「施設の機能」「職員の意識」をどのように変えていくか？
	専門職グループによるカンファレンス	それぞれの専門職がどのように仕事を進めていくべきか？

いニーズをもとに，施設の機能や職員の意識をどのように変えていくべきなのかを話し合う管理職を中心としたカンファレンスである。このカンファレンスで決定したことは，前述の実務者によるカンファレンスにフィードバックされ，周知徹底が図られることになる。

第二は，作成されたケアプランに基づいて，それぞれの専門職が仕事を専門性を深めて円滑に実施していくのかを検討するための，ケアワーカーや栄養士といった同じ専門職の職員が集まって実施をする専門職グループのカンファレンスである。このカンファレンスでは，それぞれの専門職が職場でその専門性を高めていくことをも目的としており，専門性高揚の場でもある。

2　利用者の意向や苦情を入手しやすいシステムづくり

日々仕事で接しているケアワーカー等は利用者との信頼関係ができていても，利用者はケアに関する意向や苦情をケアワーカーにはなかなか言いにくいものである。そのため，利用者が自らの苦情や意向を表出しやすい環境をいかにつくっていくのかが，施設側には求められる。その第一は，施設の職員のなかで，利用者のケアに直接タッチしていない者が独立した立場で意向や苦情を把握していくことである。具体的な方法としては，生活相談員等が日々利用者の居室を回り，生活場面面接を行い，利用者の現状や問題点を把握していくことである。また，施設内に苦情受付の担当者を設け，担当者が直接苦情を受け付けたり，苦情箱を設けて匿名での苦情を受け付ける方法もある。

さらには，施設外の者が施設にかかわることにより，施設をクローズな世界からオープンな世界へと広げて，さまざまな苦情や意向が施設外の者に表出できる環境をつくることも必要である。具体的には，施設が委託した第三者としてのオンブズマンが施設を行き来したり，あるいは利用者との電話によるホットラインで連絡がとれるシステムをつくることによって，利用者にオンブズマンに苦情や意向が伝わるような組織をつくり，実行していくことである。また，施設におけるボランティア活動を活発化し，利用者とボランティアとのかかわりを深めてもらうなかで，部分的にボランティアが利用者の意向や苦情を入手し，それらが施設に伝えられ，ケアプランのなかに反映させてい

くといった視点も重要である。

　こうした利用者の意向や苦情をケアプランに反映させる場合には，匿名的な意向や苦情も多いといえる。あるいは，オンブズマンから寄せられる苦情等については，プライバシー保護の観点から，必ずしも利用者を特定することが不可能な場合も生じる。その意味では，個々の利用者のケアプランに直接反映させることが不可能な場合も考えられるが，それは逆に業務マニュアルの変更であったり，個々の利用者のケアプランを修正するときに，そうした匿名での意向や苦情があることを理解しながら，一人ひとりのケアプランに反映させていくことが必要である。

3　業務マニュアル変更のシステムづくり

　施設では，ケアプランと同時に，業務マニュアルがサービスの質を高めていくポイントとなる。これまでにも，ケアプランを介して業務マニュアルの変更が可能であることを明らかにしてきた。業務マニュアルがケアプランの検討とともに変更されていく以上，そうした業務マニュアルが変更されていくシステムをつくる必要がある。具体的には，ケアプラン作成のためのカンファレンスが定期的に行われ，そこでマニュアルの変更が検討・確定され，さらに確定されたマニュアルがすべての職員に周知徹底されるシステムづくりが必要である。

　同時に，ケアプランを介して業務マニュアルが変更されるだけでなく，マニュアルに基づき仕事を遂行しているなかで，マニュアルの変更が求められる場合もある。これは，一般に「ヒヤリハット」ともいわれ，日々の活動のなかでヒヤリとしたり，ハッとしたことを報告し，それらを業務マニュアルに反映をさせることで，リスクを予防することである。その意味では，「ヒヤリハット」報告を収集し，業務マニュアルの修正や加筆に結びつけていくシステムづくりも不可欠である。

　この「ヒヤリハット」報告の収集をもとに，またケアプランの検討をもとにして，業務マニュアルを変更していくシステムづくりが重要なポイントである。そのためには，前記のケアプランにかかわる実務者レベルのカンファレンスを，こうした業務マニュアルの修正・加筆

および周知徹底を実施するものとする追加機能として活用することも可能である。また，周知徹底については，IT の活用や回覧板といったものも有効である。

4 ケアプラン作成・実施に向けての職場環境の整備

一般に施設で働く多くの職員は「燃え尽き」（バーンアウト）やすいといわれている。この「燃え尽き」は，仕事に熱心である者ほど，その業務の難しさのなかで，それに適切に対応できないことから陥りやすい。こうしたバーンアウトを解決し，質の高いケアプランを自信をもって作成し，職員の総意としてケアプランを実施していくには，職場環境の整備として次の三つの条件が求められる。

第一は，施設のなかでケア困難事例に関する職員間の事例検討会を行う機会が確保されており，ケアプランについて職員間で話し合える職場環境が整っていることである。

第二は，上司がスーパーバイザーとしてケアプランの作成や，さらにはケアプランに基づいて個々の専門職がサービスを実行することでの，支援的・教育的な役割を果たせるような，上司と職員との関係がつくられていることである。その意味では，上司は職員との関係において，管理的側面での能力よりも，むしろ職員と同じ目線で利用者をとらえ，支援していく能力があるかどうかが問われることになる。

第三は，職員に対する行き届いた研修体制が整備されていることである。とりわけ，職場外での研修は，他施設の職員と交流する有効な機会である。そうした機会を通じてケアプラン作成方法の基本について学ぶだけではなく，自施設のケアプランの他機関との比較や，ケア

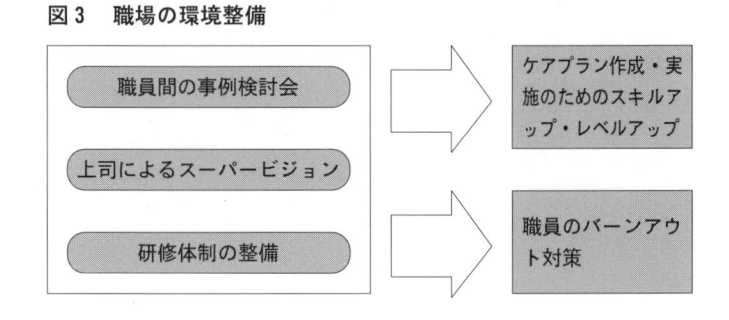

図3　職場の環境整備

職員間の事例検討会
上司によるスーパービジョン
研修体制の整備

→ ケアプラン作成・実施のためのスキルアップ・レベルアップ

→ 職員のバーンアウト対策

プラン作成過程および施設システムについて他施設との違いを学ぶ機会にもなる。

一般に，これら三つの条件は，職員のバーンアウトを和らげる役割があるといわれている。施設内での事例検討会の開催，上司の支援的・教育的スーパービジョン，職員の職場内[*4]・職場外[*5]での研修機会の確保でもって，職員がバーンアウトすることなく，意欲をもってケアプランの作成・実施に取り組める環境づくりが必要といえる。

*4 職場内研修・訓練のことをOJT（On the Job Training）という。

*5 職場外研修の総称をOFF-JT（Off the Job Training）という。

5　接遇研修のもつ意味

多くの施設では，職員が利用者に接するべき態度を身につけるために，接遇研修がずいぶん普及している。初歩的な接遇の内容としては，利用者に「○○様」といった対応を学習したり，あるいはベッド上で声をかけるときに，職員が腰をかがめ，両者が同じ目線となるよう心がけるといったことが含まれている。

こうした接遇は，利用者にどう接し，どう遇するかの表面的対応にしかすぎないようにみえるが，接遇を通じて，単に利用者へのハウツー的な対応方法を学ぶだけではない。職員自らの利用者とのかかわり方についての基本を理解していくことにもなる。すなわち，接遇を学ぶことによって，利用者に対する尊厳といった価値観を学んだり，あるいは利用者とのコミュニケーションの知識や方法を学ぶことである。

その意味で，接遇研修は，職員が利用者に対して本質的に尊厳をもって接するための一つの手段として重要な意味をもっている。利用者に対する価値観やコミュニケーションに関する知識・技術の講義を直接受けたり，演習を行っても，それらを実践に即応させて直接活かし，実践に活用できるまでには相当時間がかかる。逆に，接遇研修とは，利用者への接遇行為を意識して実施することを介して，利用者に対する価値観やコミュニケーションの知識・技術を体得していくアプローチである。そのため，接遇を学ぶにあたっては，利用者に対する表面的な対応方法を学習することにとどまるのではなく，そこから基本的な利用者へのかかわり方を身につけるものでなくてはならない。

6　情報管理の方法

　施設では，利用者に関するさまざまな情報が文書化されているが，それらをいかに管理していくかが求められる。具体的には，それぞれの利用者について，アセスメント用紙，ケアプラン用紙，さらには日々の日誌等が継続的に収集されている。こうした情報を施設側としては，利用者のプライバシーを保護するといった人権的な立場から厳重に管理していかなければならない。

　具体的には，各利用者の情報を書類（ペーパー）で保管していることもあれば，コンピュータのデータとして保管している場合もある。こうした情報は，外部の者が手にとって見ることができたり，簡単にアクセスできるようなことは決して許されない。さらに，同じ施設内の職員間であっても，文書の閲覧は，当該利用者のケアにかかわっている者に限られる必要がある。そこで，こうした利用者の情報を適切に管理するためには，書類棚の鍵やコンピュータのパスワードの活用などが重要になる。

　さらに，施設のなかで得られた利用者に関する情報は，外部の者に決して漏らしてはならないといった守秘義務の原則が貫徹されなければならない。さらに，今後の動向として，利用者を施設内の職員だけではなく，施設のオンブズマンやボランティアといった人を活用して支援することが生じてくるが，この際も守秘義務が原則である。

　しかしながら，利用者を支援する視点から，施設外の関係者に利用者の情報を提供しなければならない場合もあり得る。その際には，利用者やその家族に対して情報を提供することの了解をとることが原則である。

　いずれにしても，施設のなかで得られたさまざまな情報は，利用者の人権を守っていくという視点，また，プライバシー保護の観点で対応していくことが原点である。

第 8 章

ケアプラン作成における評価基準

1 ケアプラン実施の動向

1 以前から作成されているケアプランのよさは継承されているか

　介護保険施設や障害者福祉施設において利用者向けのケアプランを作成することは，前者においてはすでに法的に規定されており，後者においては平成15年度からの支援費制度での施設指定を受ける際の法的要件となっている。法的な正式名称は，前者が「施設サービス計画」，後者が「施設支援計画」という。そのため，多くの施設では，個々の利用者に対するケアプランの作成が恒常化しつつある。

　しかしながら，介護保険制度導入以前にも，一部の特別養護老人ホーム，老人保健施設，障害者福祉施設等では「個別援助（処遇）計画」といった多様な名称で，ケアプランと同様のものを作成し，実施してきていた。その際に，簡単なアセスメント用紙を準備していた施設もあれば，アセスメント用紙をまったく使わずに，担当職員のカンファレンスにより，「個別援助（処遇）計画」を作成する施設もあった。また，その「個別援助（処遇）計画」についても，文書として詳細に記述してきた施設から，簡単な文書により職員が了解し合っていた施設までさまざまである。

　このように従来の計画は，現在のケアプランに比べてよかった側面もあり，不十分だった側面もある。よかった側面としては，義務的で機械的な発想にとらわれることなく，本人の希望や思いをどう実現するかという気持ちを大切にしており，個別的に対応する姿勢が強かったように思われる。不十分な側面としては，アセスメント用紙が十分完備されていなかったがために，利用者の生活全体をとらえきれておらず，生活の部分的なことについてのケアプランとなっていたり，利用者との約束事としての計画といった意識が弱かったため，職員用の処遇計画的側面が強かったといえる。

　その意味では，もう一度，従来からケアプランを作成・実施してい

た施設では，現状で実施している，あるいは新たに実施しようとしているケアプランのなかに従来からのよい点をどのように継承していくかが重要な課題である。また，以前の計画の問題点を改めるべく，利用者との合意に基づくケアプランを作成していくために，契約書の作成や職員の意識の切り替えといったさまざまな工夫も必要である。さらに，アセスメント用紙を使用せずに実施している施設においては，それを改め，利用者の生活全体をとらえてのケアプランが作成できるように改革していくことも必要である。

2　介護保険施設でのケアプラン

　介護保険施設は，介護老人福祉施設，介護老人保健施設，介護療養型医療施設の三つに分けられるが，これら三つの施設においては，それぞれの運営基準のなかで，施設サービス計画と呼ばれる，個々の入所者に対するケアプランの作成・実施が義務づけられている。この施設サービス計画の作成は，施設内の介護支援専門員に委ねられているが，平成14年度までは，施設内における介護支援専門員の配置が義務づけられておらず，看護・介護に係る計画作成に経験のある看護師や生活相談員等がそれを実施してもよいとの経過措置がとられている。ただし，平成15年度からは介護支援専門員がケアプラン作成の役割を担うことが明確化されており，介護支援専門員の責任のもとで，本格的に施設ケアプランの作成・実施が始まろうとしている。

　さらに加えるならば，諸外国では施設のケアプランはケアマネジメントとは呼ばれず，あるいはそこで実施する職員のことをケアマネジャーと呼ばないことを理解しておかなければならない。ケアマネジャーは地域生活を支援する専門家である。

　わが国の介護保険制度では，介護支援専門員が地域でも施設でもケアプランの作成にかかわることになる。その業務は共通する部分も一部あるが，異なる部分もあることを承知しておかなければならない。

3　障害者福祉施設でのケアプラン

　平成15年度より，障害者の在宅および施設サービスは，措置から支援費方式へと移行することになる。それに伴い，障害者福祉施設においても，ケアプランの作成・実施が義務づけられる。

　障害者福祉施設の場合は，介護保険施設のように介護支援専門員といった特別な職種を筆記試験や実務研修に基づいて養成し，配置するのではなく，個々の職員が研修に参加し，自主的にケアプラン作成能力を高めることで，その義務を果たすことになっている。

　高齢者施策のように介護支援専門員といった新たなキャップをかぶせるのではなく，職員の研修といった体制で進めていく以上，施設側が相当な主体性をもって研修を積み重ねなければ，利用者の生活の質を高めるケアプランを作成・実施することは容易でない。具体的には，アセスメント用紙やケアプラン用紙の確定，職場内での学習会や研修会を重ねたうえでのケアプラン作成に向けたシステム化，とりわけ，カンファレンス実施体制の整備によって，ケアプラン作成の基本的な体制がつくられるといえる。

4　今後の課題

　施設でケアプランを作成し実施するという作業は，古くから行われている側面もあるが，ある意味で，緒についたばかりであるともいえる。そのため，今回開発されているいくつかのアセスメント用紙も，施設での日々の実践のなかで修正されたり，あるいは新たなアセスメント用紙が開発されていくことが求められる。換言すれば，アセスメント項目とは，現場実践のなかで確認され，検討されることが重要である。さらにいえば，ケアプラン作成の実践現場としての施設と，研究現場としての研究機関が連携し合って，より適切なアセスメント用紙の開発を進めていくことが求められる。

　他方，こうした施設のケアプランは，単に高齢者や障害者の領域だけにとどまらず，児童等の領域においても広がっていくことが重要である。

例えば，児童福祉施設である児童自立支援施設，乳児院，母子生活支援施設，さらには生活保護施設である救護施設といったところでも，こうした施設プランを作成し，いかに質の高い生活を支援していくのかが必要となってきている。

　このように施設でのケアプラン作成が多様な領域で広がっていくことが予測できるが，その際には今まで以上に，施設のケアプランと在宅のケアプランの連続性が強調されることになってくる。この部分については，本書では理論的整理をするに留まっており，その実践方法については具体化しておらず，今後の課題であるといえる。

2 質の高いケアプランを作成・実施していくための評価基準の提案

　個々の施設のなかで質の高いケアプランを作成していくためには，三つの角度から評価基準を作成し，そのチェックを行っていくことが必要である。

　その第一は，施設全体としてケアプラン作成の仕組みがつくられているかどうかの「施設」評価。第二は，個々の施設職員が質の高いケアプラン作成に向けた能力や知識を確保しているかどうかの「職員」評価。そして第三は，個々の利用者に対するケアプランが適切に作成され，その利用者の生活が質の高いものとなっているかどうかの「ケアプラン」評価である。

　これら3点の評価について，それぞれ10の評価基準を試案として作成してみた。以下に，その具体的な内容について示してみる。3つの角度から，自らのケアプラン作成・実施状況について評価し，質の高いケアプラン作成・実施に向けて努力していく必要がある。

1 施設に関する10の評価基準

評価基準①　ケアプランを作成していますか

　介護保険施設ではすでにケアプランの作成が義務づけられており，障害者福祉施設においても平成15年度の支援費方式のなかでケアプラン作成が義務づけられることになった。その意味で施設では，ケアプランを作成・実施していくことが当然の義務となる。そこで，第一の評価基準としては，ケアプランを作成することを当然のことと考え，個々の利用者に作成・実施し，モニタリングしていくことが施設内で確立されているかどうかが挙げられる。そのためには，当然のことであるが，個々の施設で検討し採用しているアセスメント用紙やケアプラン用紙が準備されていることが前提になる。

評価基準② ケアプランについて利用者やその家族から承諾を得る仕組みになっていますか

　作成したケアプランを単に施設側の処遇手段として活用するだけではなく，そこには利用者の施設生活に対する意向が反映されており，そのことを実行する内容となっている必要がある。そのため，利用者との契約において，本人や家族から作成したケアプラン内容の承諾を得るといった仕組みが整えられているかどうかが評価の基準になる。施設では，作成したケアプランについて署名等の文書による承諾書を得ることで，実施していくことがより有効である。

評価基準③ ケアプラン作成・実施にすべての職種が参加していますか

　ケアプランは，アセスメント，ケアプランの作成，ケアプランの実施という三つの要素で構成されるが，そのすべての場面において，施設内のすべての職種が何らかのかたちで参加していることが必要である。そのすべての職種とは，介護老人福祉施設では生活相談員，障害者福祉施設では生活支援員，生活指導員，介護老人保健施設では支援相談員と呼ばれる人々，ケアワーカー，看護師，栄養士，理学療法士，作業療法士，医師等である。

　この結果，それぞれの職種がアセスメントのなかで多面的な視点から利用者をとらえることができ，ケアプランの作成に貢献することができる。同時に，作成されたケアプランは，多くの職種が共同して実施していくといった意味でも，すべての職種がカンファレンスに参加することが必要不可欠である。ただし，チームでケアプランを実施していくとしても，アセスメントやケアプラン作成において，その主たる責任者や主宰者を配置していることが不可欠な要件である。

評価基準④ 実務者によるカンファレンスを開いて，ケアプランを作成していますか

　アセスメント資料の収集，ケアプランの作成，モニタリングでのケアプラン変更といった諸過程が，実務者によるカンファレンスを介して実施されていることが必要である。そのためにも，カンファレンスは日々のケアプランにかかわり仕事をしている実務者によって開催されている必要がある。具体的には，個々の利用者についてのケアプラン作成やモニタリングでのケアプラン修正の会議がそれに相当する。このカンファレンスを開くことによって，チームアプローチの展開が

容易になるといえる。

評価基準⑤　管理職によるカンファレンスを開き，実現できなかったニーズの解決方法を話し合っていますか

　実務者のカンファレンスで明らかになった，施設のなかで実現できないさまざまな生活ニーズについて，管理職によるカンファレンスを開くことにより，ニーズの解決方法を施設全体としての対応として具体的に検討し，実行していく必要がある。その際には，施設の運営理念を再検討したり，職員のあるべき姿について議論することにもつながっていく。また，ときには施設そのもののあり方や政策的にあるべき方向を提案することも検討され，社会的に声をあげていくことになる。

評価基準⑥　ケアプランをベースにして，日々の日誌を記録していますか

　日々の活動をケアワーカー等が日誌に記録する仕組みが確立されている施設は確かに多い。ただし，その日誌はケアプランに焦点を当て，ケアプラン内容が実行し得たのかどうか，さらにはそこでどのような問題が生じているのか，同時に，直接ケアプランの内容についてではないが，業務マニュアルに基づき実施したことでの問題点が記述され，新たなニーズや利用者の意向が生まれていれば，それらを明らかにするものである。その結果，日誌での記録を介して，ケアプランの修正が求められることにもなる。

　そのためには，日誌の記入形式を工夫することも必要である。例えば，ケアプランの個々の内容が実施し得たのかどうかのチェック欄があったり，バイタルチェックの必要性がケアプランに示されていたならば，バイタルチェック結果がチェックできるような欄を設けるといった工夫である。もちろん，自由記述の欄が必要であることはいうまでもない。

評価基準⑦　上司がケアプランの指導や支援を行っていますか

　この基準は，上司が職員と同じ目線に立ち，ケアプラン作成に関する指導や支援が行えているかどうかである。一般にこのことをスーパービジョンという。こうした指導や支援が行われることにより，職員全体のケアプラン作成・実施に向けた資質を向上させていくことが

できる。そのためには，上司はケアプラン作成能力を高めるべく研鑽を積むだけでなく，職員と類似の経験を重ねたり，同じ資格を有していたりすることが望ましい。

評価基準⑧　ケアやリスクのマニュアルが存在し，修正された際には職員に周知徹底を図っていますか

　施設では，ケアプランに基づく個別的なケアの展開と同時に，基準化されたケアを提供するためのリスクやケアに関するマニュアルに基づくケアが不可欠である。マニュアルに基づいてケアが展開され，さらには日々の業務内容の反省から，マニュアルの修正が繰り返されなければならない。こうして，マニュアルは日々変化していき，その変化した内容が全職員に逐次報告され，周知徹底される仕組みが必要である。さらに，マニュアルは，職員の業務を円滑に実施するための道具であるだけでなく，新任職員の教育や研修にも活用され，周知徹底を図っていくことが必要である。

評価基準⑨　ケアプランに関する研修会や学習会の機会が確保されていますか

　ケアプランの作成にあたっては，作成に関する知識や技術だけでなく，利用者の特性や施策の動向といった知識も必要不可欠である。そうした知識や技術は，ときには施設外に求めることも必要であり，そうした研修や学習の機会が職員のために保障されているかどうかが基準となる。こうした研修や学習の機会はケアプランの作成能力を高めるだけでなく，職員の仕事への意欲を高めることにも貢献することができる。

評価基準⑩　利用者および家族の意向や苦情を汲める窓口がありますか

　施設職員が利用者に対して日々の観察や対応，さらには再アセスメントを実施することで，ケアプランを変更していくが，それは一般的なモニタリングの流れである。しかしながら，往々にして利用者は，日々接しており直接かかわっている職員に対して苦情や意向は告げにくいものである。そのため，利用者・家族の意向や苦情が汲める窓口を施設のなかにシステムとして確立し，その窓口を通じて利用者や家族からの苦情に応じ，情報を利用者に提供していく必要がある。それは，匿名でも気楽に訴えることができるような窓口システムであり，

そこから得られた意向や苦情をすべての利用者のケアプランに反映させることが重要である。得られた苦情については，利用者のプライバシーを保護する視点を優先しながらケアプランに反映させていくことになる。

2　職員についての10の評価基準

　個々の施設職員についても一定の質を確保することによって，質の高いケアプランを作成し，実施することができる。ここでは，そうした質を高めるために，ケアプラン作成にかかわる職員の評価基準を10点挙げることにする。

評価基準①　利用者の思いや意向を尋ねていますか
　職員はアセスメントやケアプランの作成段階において，利用者が施設生活に対してどのような思いや意向をもっているかを尋ねることが重要である。すなわち，利用者本人の精神心理的な状態に関する理解を深めることにより，質の高いケアプランの作成が可能になる。なぜなら，利用者の身体機能的な状態は，多くの職員が目に触れて理解することができる。しかし，利用者の精神心理的な状態は，目に触れることができない以上，きちんと理解することが不可欠であり，そのことが生活ニーズを的確にとらえたケアプランにつながる。
　さらに，こうした利用者の思いや意向は，職員と利用者の信頼関係ができていく過程で明らかになっていくため，利用者の話に耳を傾けるという職員の態度はどの過程でも必要であり，常時なされなければならないことである。

評価基準②　利用者の思いや意向を感じたり，
**　　　　　　気づいていこうと心がけていますか**
　すべての利用者が自らの思いや意向を明確に言葉でもって表現できるわけではない。とりわけ，痴呆性高齢者や重度の知的障害者といった意思表示の困難な利用者は，そうした思いや意向を言葉で表出することができない。そのため，アセスメントやケアプランの作成にあたって，職員は利用者の思いを感じとったり気づいていくといった努

力が必要である。

　また，利用者が信頼している家族・親戚や近隣，ときには任意後見人[*1]や生活支援員[*2]といった人々に相談し，利用者の思いや意向について確認することも必要である。そうしたことにより，より的確な生活ニーズが把握でき，利用者の意向に添ったケアプランの作成が可能となる。

評価基準③　支援目標を利用者と一緒に設定するよう位置づけていますか

　支援目標とは，施設のなかでどのような生活をしたいのかといった，大目標を設定することである。この目標を常日頃から職員は利用者に尋ねながら，施設生活の目標を利用者と協力して設定する必要がある。そのため，職員は利用者に対して施設生活への思いを継続的に尋ねていくことが求められる。

評価基準④　生活ニーズを把握する方法が理解できていますか

　生活ニーズは，利用者の身体機能状況，精神心理状況，社会環境状況を背景としながら理解していなければならない。そうした理解に基づいて初めて，ケアプランにおける生活ニーズの全体像が把握でき，それらの多様な解決方法を導き出すことができる。その結果，適切な解決方法を利用者と一緒に選択することが可能となる。

評価基準⑤　利用者の長所（ストレングス）も理解して，生活ニーズを把握していますか

　生活ニーズは，利用者の身体機能状況，精神心理状況，社会環境状況の関係性のなかでとらえることになるが，その状態には利用者の弱い部分だけでなく，長所（ストレングス）の部分を理解することも必要である。具体的には，利用者の願望，能力，好みであったり，利用者と関連する社会資源が有する良さも含まれる。こうした長所を採り入れながら，生活ニーズに基づいたケアプランを作成することにより，より利用者の長所を活用したプランとなる。その結果，利用者が他の問題について自ら解決していくよう能力を高めることになる。

評価基準⑥　施設職員だけでなく地域社会にある社会資源についても理解できていますか

　施設のケアプランを作成するにあたっては，ほとんどの場合，施設

[*1] 任意後見契約に基づき，申立権者が自ら選んだ後見人のこと。任意後見人には自然人だけではなく，社会福祉協議会等の法人も選任することができる。

[*2] 地域福祉権利擁護事業において，痴呆性高齢者や知的障害者，精神障害者など自己決定能力に困難がある人々の金銭管理やサービスを受ける権利を擁護していく専門員。

内の職員を資源としてケアを提供することに間違いはない。この際に，生活ニーズに合致する適切なケア内容と結びつけるためには，個々の職員がもっている良さも認識しておく必要がある。しかしながら，開かれた施設になればなるほど，施設外の地域社会にある社会資源をも活用し，利用者の生活ニーズの解決を図っていくことになる。そのため，職員は，地域社会にあるさまざまな社会資源についての理解も深めておくことも必要である。この結果，利用者の施設での生活がより在宅での生活に近いものとなる。

評価基準⑦　作成されたケアプランを利用者に丁寧に説明し，了解を得ていますか

これは一般に，インフォームド・コンセント（詳しく説明をして了解をとること），あるいはインフォームド・チョイス（詳しく説明をして自己選択してもらうこと）といわれており，ケアプランは利用者の了解のもとに初めて実行されることを，職員は認識しておかなければならない。この了解方法は，口頭による場合と文書による場合があるが，施設と利用者との契約のもとで施設利用が始まるという意味では，後者のほうが望ましいといえる。このことにより，ケアプランの作成・実施は職員と利用者との共同作業によるものであり，利用者の参画のもとで展開していくことが明確になる。

評価基準⑧　実現できない生活ニーズがある場合，利用者や家族にその理由を説明し，了解を得ていますか

ある生活ニーズについて実務者のカンファレンスにおいて検討した結果，なおかつ実現不可能な生活ニーズが存在する場合には，利用者や家族に実現できない理由を説明し，了解を得ることが必要である。とりわけ，利用者が契約のもとで施設を選ぶ時代にあっては，利用者になぜできないのかを口頭なり，ときには文書で説明し，了解を得ておくことが必要不可欠である。

なお，そうした際には，単にその職員のなかで実現できないニーズを消化してしまうのではなく，管理職のカンファレンスに提案し，実現の可能性があるかどうかを話し合い，解決可能性についての将来の施設側での方向を探ることも必要である。

評価基準⑨　ケアプランについてのモニタリングの時期を決めて実施していますか

　ケアプランの変更には，次の二つのことが考えられる。一つはモニタリングの時期を決定しておき，定期的に再アセスメントを行い，ケアプランの変更を試みていくことである。もう一つは，利用者の生活ニーズが急激に変化し，緊急にケアプランを変更しなければならない場合である。その意味では，前者のような定期的にモニタリングを行う場合には，いつ変更していくのかの時期を，利用者と一緒に決めて定期的に実施しなければならない。例えばAさんの場合は身体的および精神心理的に安定しているために6か月ごとに，身体状況の変化が激しいBさんの場合には1か月ごとなど，モニタリングの時期をそれぞれの利用者について設定し，ケアプランを再検討していくことが必要である。

評価基準⑩　ケアプランに基づき実施された個別的なケア内容の結果について日誌に書き留めていますか

　個々の職員は，日々の実践においてケアプランに基づき，個別的な対応をしている。そこで，そうした個別的なケアの結果を日誌に書き留め，ケアプランが的確に実行されたのかどうか，そうしたケアに対する利用者の意向はどうであるのか，さらには新たなニーズが生じてないかどうかについても日誌に書き留める必要がある。このことが，ケアプランの変更を必要とするかどうかの確認事項として活用されることになる。

　なお，日誌には，業務マニュアルに基づいて実施したケアの問題点や評価についても記述される必要がある。このような記述は，業務マニュアル自体だけでなく，ケアプランの変更にも結びついていく。

3　個々のケアプランについての10の評価基準

　作成された一つひとつのケアプランについても評価されなければならない。ここではその際に10の評価基準を提案しておく。個々の利用者について，適切にケアプランが作成・実施されているかを評価する基準として，活用してもらうものである。

評価基準①　支援目標は適切ですか

　利用者の意向に添って支援目標が明らかにされたのかどうか，あるいは利用者が意思表示ができない場合，利用者の意向を正確に汲み取り，専門家として目標の整理を支援しながら，利用者の大目標にふさわしい支援目標を設定したのかどうかを確認する必要がある。

評価基準②　生活ニーズは適切ですか

　生活ニーズが適切であるかどうかは，二つの観点で検討されなければならない。一つは，記述された生活ニーズ以外のニーズが存在していないかどうかという点である。本人がなかなか表明しなかったり，あるいは職員側が発見できなかった別の生活ニーズが存在していないかどうかといった観点で評価する必要がある。

　二つ目は，明らかにされた生活ニーズが適切であるかどうかである。この明らかになったニーズが適切であるかどうかについても二つの観点からの評価が必要である。第一は，そうしたニーズが本当にニーズとして適切であったのかどうかについてである。第二は，そのニーズの生じている背景が的確につかめているかどうかであり，本人の身体機能的側面，精神心理的側面，社会環境的側面のそれぞれの側面について，アセスメントのもとで十分把握していたのかどうかが評価の基準になる。

評価基準③　生活ニーズを解決する目標は適切ですか

　生活ニーズを解決する援助目標は，ときに長期目標と短期目標に分けられる。その援助目標が長期・短期に整理され，利用者の希望や能力を含めた適切な目標になっているかである。さらに援助目標の期間が設定されているのか，いるとすればそうした期間の適切性を含め，実現可能な目標になっているかどうかが評価の基準になる。これについて適切であったかどうかは，モニタリングの結果，それらが実行し得ているかどうかでもって判断されることになる。

評価基準④　個々の生活ニーズに対するサービス内容，サービス提供担当者，その提供頻度は適切ですか

　個々の生活ニーズに対するサービス内容やサービス提供担当者，あるいはその頻度が，生活ニーズを解決したり緩和するうえで，妥当な内容，担当者，頻度となっているかどうかである。このことは，その

後のモニタリングにおいて，サービスが円滑に提供されているかどうかをもとに，評価されることになる。

評価基準⑤　支援目標は充足されていますか

この評価基準は，利用者と一緒に決定した支援目標がケアプランを実行することにより，充足したり，達成することができたのかどうかを意味している。この観点は，利用者側の発言や表情によって，充足されているかどうかの評価をすることができる。

評価基準⑥　生活ニーズは充足されていますか

ケアプランを実施した結果，生活ニーズが充足されているのかどうかについては，そこで生じている問題が解決されたり，緩和されたりして，利用者からその生活ニーズについて充足感や満足感が得られているかどうかによって評価することができる。そのため，これらのニーズが充足されているかどうかについては，提供されているサービス内容やサービス提供担当者，その頻度が影響を及ぼすことになり，それらとの関連においてニーズが充足されているかどうかを評価することになる。

評価基準⑦　生活ニーズを解決する目標は達成されていますか

生活ニーズの充足に向けた長期・短期の目標が達成されたかどうかは，利用者本人の表情や身体機能的状況，精神心理的状況，あるいは社会環境的状況の変化から評価が可能となる。

評価基準⑧　個々の生活ニーズに対するサービス内容，サービス提供担当者，その提供頻度について満足されていますか

個々のサービス内容，サービス提供担当者，その利用頻度について，利用者がどのような充足感や満足感をもっているのかを評価することにより，その適切さを理解することができる。

評価基準⑨　ケアプラン実施により，利用者の身体機能面や精神心理面は変化しましたか

ケアプランの実施は，利用者の身体機能面や精神心理面に変化を及ぼすことになる。そうした変化がどの程度生じたかを確認することにより，ケアプランそれ自体の評価をすることが可能になる。

**評価基準⑩　ケアプラン実施により，
　　　　　利用者の環境面は変化しましたか**

　ケアプランを実施することにより，ときには施設側が環境を整備することにもつながっていく。この環境には，人員配置や住環境等が該当する。その意味では，利用者の環境面での変化により利用者の生活がどのように変わったかという観点で，ケアプランの評価をしていくことになる。

　このケアプランに関する上記の10の評価基準のうち，①～④は，作成したケアプランそのものを評価する項目であり，⑤～⑧はケアプランを実施したことにより，どのように変化したのかを評価する項目である。さらに⑨と⑩はそうしたケアプラン実施の結果，利用者の生活全体がいかに変化したのかをとらえる評価項目である。

●参考文献

- 『特別養護老人ホームにおける 自立に向けた介護展開基準の手引き』全国社会福祉協議会, 1997年
- 『特別養護老人ホームにおける 自立に向けた介護展開基準の手引き part 2 入浴・痴呆編』全国社会福祉協議会, 1998年
- 全国身体障害者施設協議会編『施設のケアプラン―身体障害者療護施設の個別生活支援計画をもとに―』全国社会福祉協議会, 2001年
- 障害者福祉研究会編『ICF 国際生活機能分類―国際障害分類改定版―』中央法規出版, 2002年
- 『新版・社会福祉学習双書』編集委員会編『ケアマネジメント論』〈新版・社会福祉学習双書2002・17〉全国社会福祉協議会, 2002年
- 白澤政和『ケースマネージメントの理論と実際―生活を支える援助システム―』中央法規出版, 1992年
- John N. Morris・Katharine Murphy・Sue Nonemaker（池上直己監訳）『MDS 2.1 施設ケアアセスメント マニュアル』医学書院, 1999年
- 介護療養型医療施設連絡協議会・全国老人福祉施設協議会・全国老人保健施設協会編『改訂 包括的自立支援プログラム 介護サービス計画作成マニュアル』全国社会福祉協議会, 1999年
- 白澤政和編著『改訂 介護支援専門員実践テキストブック』中央法規出版, 2000年
- 竹内孝仁『医療は「生活」に出会えるか』医歯薬出版, 1995年
- 大川弥生『目標指向的介護の理論と実際』中央法規出版, 2000年
- 白澤政和監修・㈱ニッセイ基礎研究所編『利用者ニーズに基づくケアプランの手引き―星座理論を使って―』中央法規出版, 2000年
- John Killick and Kate Allan, *Communication and the care of people with dementia*, Open University Press, 2001.
- Elise M. Beaulieu, *A Guide for Nursing Home Social Workers*, Springer Publishing Company, Inc., 2002.
- 諏訪茂樹『対人援助とコミュニケーション―主体的に学び, 感性を磨く―』中央法規出版, 2001年
- 諏訪茂樹『続 介護職のための 声かけ・応答ハンドブック―困ったときのひと言―』中央法規出版, 1996年
- F. P. バイステック（尾崎新・福田俊子・原田和幸訳）『ケースワークの原則［新訳版］』誠信書房, 1996年
- 小笠原祐次編著『介護老人福祉施設の生活援助―利用者本位の「アセスメント」「ケアプラン」「サービス評価」―』ミネルヴァ書房, 2002年
- 白澤政和「ケアプラン作成の意義と今後の方向性」『月刊福祉』第84巻第13号（2001年11月号）
- 白澤政和／結城拓也「痴ほう性高齢者のケアマネジメント―施設入所を利用し生活リズムの再構築を図る―」『痴ほうケアサポート』2002年2月
- 白澤政和／松浦騰「痴ほう性高齢者のケアマネジメント―暴力行為等のある痴ほう性高齢者とケアスタッフとの, 施設における関わり―」『痴ほうケアサポート』2002年7月

あとがき

　介護保険制度が始まり，3年目を迎えている。また，障害者領域では支援費制度がスタートしようとする時期を迎えている。こうした時期にあって，制度的にも，利用者からの要望としても，施設におけるケアプランの作成はきわめて重要な時期を迎えているといえる。このようなきわめてタイミングのよい時期に本書を刊行できたことを，たいへん嬉しく思っている。施設ケアプランに関する理論書や実践書がほとんど存在しないなかで，【生活支援のための】施設ケアプランのあり方について，本書を介して理解を深めていただきたいと考える。

　筆者は，本書を執筆していくなかで，施設に入所している利用者一人ひとりのニーズをいかに実現していくのかについて，ケアプランの作成方法を中心に据えながら考えてきた。その結果，施設ケアプランをつきつめていくと，施設の居室が自宅のごとくとなり，究極は在宅のケアプランに近づけていくことにあるとの思いが強くなっていった。すなわち，施設でのケアプランも在宅のケアマネジメントと同様であり，利用者一人ひとりの思いやニーズが率直に述べられ，さらにはそれを実現する社会資源が施設の範囲を越え，地域全体のなかから獲得できる仕組みづくりが不可欠であるといったことにたどりついた。

　このような発想の背景として，利用者の立場からすれば，ソフト面だけでなくハード面についても，将来施設をいかにして在宅に近づけていくのかが求められているといえる。極端なことをいえば，スウェーデンやデンマークのように，住宅的機能をもった「在宅支援施設」に移り変わっていくことが現在の施設の一部には求められているといえる。さらにいえば，施設ケアプランの作成にかかわる職員が，こうした発想をもって，将来の施設のあり方を考えながら，日々の業務に取り組んでいくことが求められているといえる。ひいては，施設が在宅化していく時代を施設ケアプランが先導していくものであってほしいと願っている。

　この【生活支援のための】施設ケアプランにあっては，第一の視点として，常に人と環境との関係性のなかで問題が生じていることをとらえる努力をしてきた。それは，病院において原因をつきとめ，その治療をしていくといった原因—結果という因果性に基づく発想ではなく，人や環境のどちらかが変わることによって，質の高い生活をどう確保するのかという人と環境との相互関連のもとでとらえる発想である。

　もう一つの視点は，利用者がどのような生活をしたいのかを基軸として，その実現に向

けて支援していくことが施設ケアプランの中核であるべきとしてきた。それは，決して利用者の言いなりにプランをつくるということではなく，専門的な視点をもちながら，同時に利用者との信頼関係を確立するなかで実施していくことであることを強調してきた。

ただ，本書の執筆を通じてもなお，最後に残る疑問があった。介護保険法上の介護保険施設には，介護老人福祉施設，介護老人保健施設，介護療養型医療施設が存在するが，はたしてこれら三つの施設がすべて，純粋の【生活支援のための】施設として存在し得るのかどうかである。それが最後まで残った筆者の疑問である。

もしかすると医療系の介護保険施設においては，人と環境との関係性といった側面に加えて，その原因をどこに求めるかといった因果関係の側面をも含めたプランが求められているのかもしれない。これは，利用者を生活モデルか医学モデルのどちらでもってとらえるかの問題であるが，これらは今後の研究に委ねられる部分である。さらには，そうした施設をどう社会制度的に位置づけるのか，生活施設として位置づけるのか，治療的要素を含めた施設として位置づけるのかといった政策的な議論とも関係しながら，今後，施設ケアプランのあり方を確定していかなければならないといえる。

そうしたなかで，今回は，あえて【生活支援のための】といった言葉を用い，利用者の質の高い生活を確保するといったことに焦点を当てながら，生活モデルとしての施設ケアプランの作成について言及してきたことになる。この内容について，いま述べたような疑問点を含め，今後多くの人々の間で議論が高まっていくことを期待したい。

本書でもって，施設利用者の生活支援としてのケアプラン作成方法について方向づけをすることができた。従来からのケアマネジメント研究と合わせると，在宅と施設両者のケアプランについての研究成果をまとめることができたと考えている。今後の研究課題としては，これら両方のケアプランを統合して，在宅と施設の連続した生活支援のあり方に研究をシフトしていきたいと考えている。この研究の先には，再度「地域福祉論」なり「コミュニティケア論」の新しい地平が開けてくるものと確信している。

最後になったが，本書の制作・編集においては，さまざまな施設関係者とのディスカッション，あるいは事例検討会に参加させていただくなかで，さらには施設職員との研究会をもつなかで，多くのことを学ぶことができ，それが本書に結びついたことをたいへん感謝している。とりわけ，別記した八つの施設の皆様方には，本書において理論と実践とを結びつける意味で，たいへん貢献する事例を提供していただいたことにお礼を申し上げたい。また，こうした実践家との結びつきのなかから本書が生まれたことは嬉しいことである。

さらに，中央法規出版企画部の照井言彦氏には，企画の段階から多大なご支援をいただき，本書を完成させることができたと感謝している。

ただ，すべての責任は筆者自身にあることも理解しているため，ぜひさまざまなご批判

やご指導を賜りたい。とりわけ，実践現場の皆さんや研究者の皆さんから，そうしたご意見をいただきたい。そして，施設ケアプランの作成が，現場の実践家と研究者との連携のなかでより一層深まっていくことを期待したい。

　　　　　　　　　　　　　　　　　　　　　　　　　　　　　　　　筆　者

――本書において，事例を提供してくださった施設の皆様――

（以下，施設名・五十音順，個人名・敬称略）

- 小山田特別養護老人ホーム【三重県】　／近藤辰比古（ソーシャルワーカー）
- 小山田老人保健施設【三重県】　／落合将則（施設長）
- ケアセンターやごろう苑【鹿児島県】　／中堂園晴美（介護福祉士）
　　　　　　　　　　　　　　　　　　　　中須智子（介護福祉士）
　　　　　　　　　　　　　　　　　　　　牧之瀬倫子（看護師）
- 総合ケアセンター泰生の里【大分県】　／結城拓也（生活相談員）
　　　　　　　　　　　　　　　　　　　　雨宮克彦（理事長・精神科医師）
- 第二小山田特別養護老人ホーム【三重県】　／西元幸雄（施設長）
- 特別養護老人ホーム　アイユウの苑【山口県】／辻中浩司（事務長）
- ナーシングホーム智鳥【大阪府】　／浜田和則（総合施設長）
- フィオーレ南海【大阪府】　／柴尾慶次（施設長）
　　　　　　　　　　　　　　　　松浦　騰（介護支援専門員）

〔著者紹介〕

白澤政和（しらさわ・まさかず）

［現　職］大阪市立大学大学院生活科学研究科教授
［略　歴］1974年，大阪市立大学大学院修士課程修了（社会福祉学専攻）
　　　　　1975年，大阪市立大学生活科学部社会福祉学科助手
　　　　　1982年，大阪市立大学生活科学部社会福祉学科講師
　　　　　1988年，大阪市立大学生活科学部社会福祉学科助教授
　　　　　1994年，大阪市立大学生活科学部人間福祉学科教授
　　　　　2000年より現職
［主な著書］『ケースマネージメントの理論と実際――「生活」を支える援助システム――』
　　　　　中央法規出版，1992年（第7回吉村仁賞，第3回福武直賞受賞）
　　　　　『ケアマネジャー養成テキストブック』（編著）中央法規出版，1996年
　　　　　『介護保険とケアマネジメント』中央法規出版，1998年
　　　　　『ケアマネジメントハンドブック』医学書院，1998年
　　　　　『利用者ニーズに基づくケアプランの手引き』（監修）中央法規出版，2000年
　　　　　『介護支援専門員によるケアマネジメント事例集』（編著）中央法規出版，2001年
　　　　　『介護支援専門員のためのケアプラン作成講座』（編著）シルバー新報／環境新聞社，2001年
　　　　　『ケアマネジメント』〈福祉キーワードシリーズ〉（共編著）中央法規出版，2002年
　　　　　『ケアマネジャーのためのステップアップ事例集』（編著）中央法規出版，2002年

生活支援のための施設ケアプラン
―いかにケアプランを作成するか―

2003年3月1日　初　版　発　行
2006年5月1日　初版第7刷発行

著　者　　　白澤政和
発行者　　　荘村多加志
発行所　　　中央法規出版株式会社
　　　　　〒151-0053　東京都渋谷区代々木2-27-4
　　　　　販　売　TEL03-3379-3861　FAX03-5358-3719
　　　　　編　集　TEL03-3379-3784　FAX03-5351-7855
　　　　　http://www.chuohoki.co.jp/
　　　　　営業所　札幌―仙台―東京―名古屋―大阪―広島―福岡
印刷・製本　　舟橋印刷株式会社
装　幀　　　岡田知正

定価はカバーに表示してあります。
ISBN4-8058-2309-7
落丁本・乱丁本はお取替えいたします。